Ein Journalist bittet die prominente Künstlerin, ihm ihre Lebensgeschichte zu erzählen, die er in seiner Zeitschrift publizieren will. Aus anfänglichem Mißtrauen und einer beiderseitigen Befangenheit erwächst bei seinen täglichen Besuchen allmählich eine Vertrautheit; und die Frau beginnt zu erzählen: von ihren zwei Ehen, von ihren Theatererfahrungen, von ihrem Leben als Sängerin, von ihrer Zeit als politische Aktivistin und ihrem Weg zur Schriftstellerin. Sie berichtet von den Menschen, die ihr Leben maßgeblich beeinflußten.

Bald wird sie intimer, erzählt Dinge, die bisher in der Presse so nicht zu lesen waren: Geschichten aus der Kindheit, von der Überwindung ihrer Magersucht als Jugendliche, vom Tod der Tochter ... Erika Pluhar hat mit *Die öffentliche Frau* eine andere Art der Autobiographie geschrieben: zwischen Fiktion und Realität. Persönlich, berührend und fesselnd.

Erika Pluhar, 1939 in Wien geboren, war nach ihrer Ausbildung am Max-Reinhardt-Seminar lange Jahre Schauspielerin am Burgtheater Wien und als Sängerin tätig. Sie veröffentlichte mehrere Romane, Lieder, Gedicht- und Erzählungsbände. 2009 erhielt sie den Ehrenpreis des österreichischen Buchhandels für Toleranz in Denken und Handeln.

Im insel taschenbuch liegen außerdem vor: *Spätes Tagebuch*. Roman (it 4091), *PaarWeise*. Geschichten und Betrachtungen zur Zweisamkeit (it 4183), *Im Schatten der Zeit*. Roman (it 4247) und *Reich der Verluste*. Roman (it 4282).

insel taschenbuch 4354
Erika Pluhar
Die öffentliche Frau. Eine Rückschau

Erika Pluhar

Die öffentliche Frau

Eine Rückschau

Insel Verlag

Erste Auflage 2015
insel taschenbuch 4354
Insel Verlag Berlin 2015
© 2013 Residenz Verlag
im Niederösterreichischen Pressehaus
Druck- und Verlagsgesellschaft mbH
St. Pölten – Salzburg – Wien
Lizenzausgabe mit freundlicher Genehmigung
Vertrieb durch den Suhrkamp Taschenbuch Verlag
Umschlagfoto: Inge Prader, Wien
Druck: CPI – Ebner & Spiegel, Ulm
Printed in Germany
ISBN 978-3-458-36054-4

Meiner Tochter

1

Der Redakteur hat das Aufnahmegerät so vorbereitet, daß die Frau gut verständlich sein würde, selbst wenn sie sich im Gespräch zurücklehnen oder nach vorn beugen sollte. Er erwartet sie.

Das Zimmer, in das man ihn gebeten hat, ist hell, Nachmittagssonne fällt herein. Vor den Fenstern breitet sich ein Garten aus. Laubbäume sind zu sehen.

Die Frau lebt nicht schlecht, denkt der Redakteur. Er sitzt auf einem weiß bezogenen Sofa und hätte große Lust zu rauchen. Geht aber nicht, klar, daß man im Haus dieser Frau genausowenig rauchen darf wie überall sonst in diesen Zeiten. Der Redakteur seufzt auf und wird ein wenig ungeduldig.

Sie läßt sich Zeit, denkt er, die Leute, die man interviewen muß, lassen sich immer Zeit. Sie sitzen am längeren Hebel. Sie lassen einen warten. Glauben wohl, zu fragen sei leichter als zu antworten, dabei ist nichts schwieriger, als auch nur eine richtige Frage zu stellen. Noch dazu bei dieser Frau, die schon so lange in der Öffentlichkeit sichtbar ist, daß jeder, der von ihr weiß, sie auch zu kennen meint. Oder zumindest ein Bild von ihr hat. Bis auf die ganz Jungen natürlich, die wissen nichts mehr von ihr. Was frage ich sie denn wirklich, denkt der Redakteur und seufzt nochmals auf. Es müsse ein ultimatives Interview werden, umfassend, forderte der Verlag. Er sei der einzige, der das könne, mit dieser Schmeichelei hatte die Chefetage ihn weich gemacht und losgeschickt. Wo bleibt sie denn nur, die Frau.

Als er Schritte hört, springt er auf. Das muß sie sein, denkt er und steht aufrecht da, unbeholfen wie ein Schüler in Erwartung seiner Lehrerin.

Die Tür öffnet sich mit Schwung.

Nicht bös' sein, sagt die Frau, sie ist ein wenig atemlos und lächelt, ich mußte leider ein unumgängliches Telefonat zu Ende führen.

Nein, nein, natürlich, antwortet der Redakteur.

Er und die Frau reichen einander die Hände, dann nimmt sie Platz, wie er es für sie vorgesehen hat, genau im richtigen Abstand zum Aufnahmegerät. Das nenne ich Professionalität, denkt der Redakteur.

Setzen Sie sich doch, sagt die Frau, hat man Ihnen schon etwas angeboten?

Nein, aber danke, ich möchte nichts.

Keinen Kaffee? Tee?

Nein danke.

Wollen Sie rauchen?

Wie bitte? fragt der Redakteur ungläubig.

Bei mir darf man gerne rauchen, sagt die Frau, solange man mir nicht das Zimmer vollqualmt und ich jederzeit die Fenster öffnen kann, habe ich gar nichts gegen eine Zigarette. Da drüben steht ein Aschenbecher.

Ja dann, gern, sagt der Redakteur.

Eine jüngere Frau tritt ins Zimmer, sie trägt Jeans und hat ein frisches, rotwangiges Gesicht. Soll ich etwas bringen? fragt sie.

Ja, bitte eine große Kanne Tee, für den Herrn auch eine Tasse, danke Sofia, sagt die Frau.

Sofia geht, die Frau lehnt sich zurück und sieht dem Redakteur dabei zu, wie er sich eine Zigarette ansteckt.

Verzeihen Sie – wollen Sie vielleicht auch eine? fragt er.

Später, sagt die Frau, aber lassen Sie uns zur Sache kommen. Worum soll es also in Ihrer Geschichte gehen?

Natürlich um Sie, gnädige Frau!

Der Redakteur findet, daß er mit diesem Ausruf zu laut geworden ist, und versteht das leichte Stirnrunzeln der Frau. Was habe ich denn, denkt er, ich glaube, sie macht mich nervös.

Sie wissen ja, sagt er jetzt in normaler Lautstärke, es soll ein großes, biographisches Interview werden, natürlich von Ihnen autorisiert, wir wollen es Woche für Woche in unserer Zeitschrift fortsetzen, aber hat unser Chefredakteur das nicht mit Ihnen besprochen?

Die Frau nickt und schaut aus dem Fenster in die Bäume hinaus. Eine Weile herrscht Stille, und der Redakteur nimmt ratlos einen tiefen Zug aus seiner Zigarette.

Ja, ich weiß, sagt die Frau schließlich, eine Art Fortsetzungsroman.

Aber nein! Der Redakteur hat wieder die Stimme erhoben. Ein umfassendes, ultimatives Interview, eines, in dem Sie all das sagen können, was Sie schon ein Leben lang sagen wollten!

Die Frau wendet sich ihm zu und lächelt. Geben Sie mir auch eine Zigarette, sagt sie.

Der Redakteur hält der Frau die geöffnete Packung entgegen, sie nimmt eine Zigarette, und er gibt ihr Feuer.

Wissen Sie, sagt sie dann, ich habe ein Leben lang schon viel zuviel gesagt, mehr als ich sagen wollte, aber lassen wir's gut sein. Ich habe Ihrem Chefredakteur versichert, mich auf dieses Befragtwerden einzulassen, also mache ich das jetzt auch. Nur kann ich Ihnen nicht versprechen, wie umfassend und ultimativ Ihr Interview geraten wird. Überhaupt: ultimativ, mein Lieber. Was für ein Wort. Kommt doch von Ultimatum, und das ist eine letzte Aufforderung, oder? Wird doch nicht Absicht Ihres Verlages sein, mich ein letztes Mal zum Interview aufzufordern, ehe ich das Zeitliche segne?

Ich bitte Sie, was für ein Gedanke! Der Redakteur versucht zu lachen. Das hat jämmerlich geklungen, denkt er und dämpft seine Zigarette aus.

Darf ich mein Aufnahmegerät anstellen?

Aber ja, sagt die Frau.

Der Redakteur drückt auf die winzige Taste und setzt sich. Er und die Frau sitzen einander gegenüber.

Also gut, sagt sie, nur weiß ich immer noch nicht, worum es Ihnen bei Ihrer Geschichte geht. Denn Sie sind es, der mit mir spricht, also ist es auch Ihre Geschichte.

Es geht mir um Ihr Leben, sagt der Redakteur.

Ui, die Frau lacht, das klingt ja nach Leben und Tod.

Nein, nur um Ihre Lebensgeschichte soll es gehen, neu und im Rückblick erzählt. Wenn es Ihnen recht ist, würde ich jetzt gerne anfangen.

Ihnen fehlt es ein wenig an Humor, sagt die Frau, aber das hängt vielleicht mit Ihrem Beruf zusammen. Wenn man ständig im Leben anderer herumkramen muß, vergeht einem wohl das Lachen. Aber ich will Sie jetzt auch nicht mehr von Ihrer Arbeit ablenken. Obwohl ich nur noch anmerken möchte, daß meine Lebensgeschichte der Öffentlichkeit kaum noch neu zu erzählen sein wird, denn alles, was ich lebte, wurde bereits reichlich veröffentlicht.

Alles? fragt der Redakteur.

Alles, was nicht in meinem Geheimnis blieb, ja.

Könnten wir im Gespräch nicht ausnahmsweise auch einmal in dieses Geheimnis vordringen? fragt der Redakteur und lächelt die Frau an.

Nein, sagt sie.

Das war ungeschickt von mir, denkt der Redakteur, und was mache ich jetzt gegen ihr Schweigen. Wie die Frau vor sich hinstarrt. Woran sie jetzt wohl denkt.

Da öffnet sich die Tür, und Sofia trägt ein schweres Tablett mit Teekanne, Tassen, Kuchen, Milch und Zucker ins Zimmer. Aufatmend stellt sie es auf dem Sofatisch ab.

Gut so? fragt sie.

Die Frau nickt. Danke, auch für den Guglhupf!

Selbst gemacht, sagt Sofia und geht wieder.

Der Redakteur ist erleichtert, daß etwas geschah, um die Wortlosigkeit zu beenden, und als die Frau beginnt, den Tee in die Tassen zu gießen, will er das Aufnahmegerät eilfertig wieder abstellen.

Lassen Sie nur, sagt sie, Tee und Kuchen stören nicht, wir machen ja gleich weiter. Ich werde jetzt Ihre Fragen beantworten.

Nachdem beide an ihren Teetassen genippt haben, lehnt die Frau sich bequem zurück. Also, sagt sie.

Der Redakteur räuspert sich. Die Kindheit vielleicht? Fangen wir damit an?

Wäre logisch, sagt die Frau.

Was für ein Kind waren Sie also?

Der Frau hat die Frage des Redakteurs offensichtlich nicht gefallen, sie schüttelt abwehrend den Kopf, und er wird verlegen. Dann aber beginnt sie doch zu sprechen.

Ich war vor allem ein Kind. Ein erwartungsvolles, zufriedenes, mit allem kindlichen Reichtum ausgestattetes Kind. Vielleicht sogar war ich ein glückliches Kind. Ja, vielleicht kann man das so sagen. Auf frühen Fotos ist zu erkennen, daß ich vergnügt war, ja, ein vergnügtes kleines Mädchen. Ich hatte gütige Eltern. Wir lebten am Stadtrand, im Grünen, in einer schlichten Wohnung, die weder zu groß noch zu klein war. Und alles hatte für mich ein gesundes Maß, weder Überfluß noch Armut, nichts Besseres für ein Kind, denke ich. Und ich durfte immer spielen, auch das Ernsthafte war für mich immer Spiel. Seit ich denken kann, denke ich mich aus der Realität heraus –

Der Redakteur lächelt. Er merkt sich diesen Satz, das wäre doch eine Überschrift für die erste Ausgabe: Seit ich denken kann, denke ich mich aus der Realität heraus. Und die Frau spricht weiter.

Nicht, daß ich eine weltferne Träumerin gewesen wäre, ich wurde zu einer ausgezeichneten Schülerin, nur gute Noten, ich war pflichtbewußt und ordnungsliebend, ja, ich glaubte an die Welt und an eine in ihr waltende Ordnung. Aber ich wollte auch, daß die Welt meinen Vorstellungen entspräche. Und das bedeutete, daß sie schön zu sein hatte. Daß die Welt und das Leben schön zu sein hatten. Ein Leben ohne Schönheit konnte und wollte ich mir nicht vorstellen, und deshalb erspielte, erdachte und erwartete ich jegliches gemäß meinen eigenen Vorstellungen. Und das ging lange gut so.

Jetzt verstummt die Frau. Der Redakteur nimmt einen Schluck Tee und läßt sie nicht aus den Augen.

So oft schon das Wort: Vorstellung! sagt er dann. So früh bereits dieser Theaterbegriff?

Ich überlegte gerade, wie hoffnungsvoll kindliche Imagination sich Zukunft ausmalt und wie der Lebensweg diesem Entwurf dann nie entspricht. Aber schreiben Sie das nicht.

Nein, nein, natürlich nicht, sagt der Redakteur.

Die Frau sieht ihn an und schüttelt leicht den Kopf. Ich weiß, sagt sie dann, ich sollte vor einem Journalisten nie ein Wort verlieren, das ich lieber für mich behalten möchte. Natürlich werden Sie gerade die Sache mit dem Lebensweg schreiben.

Ich sagte doch nein! beharrt der Redakteur. Sie autorisieren, so ist es abgemacht. Aber eine Frage. War es nicht der Krieg, von dem Ihre frühe Kindheit überschattet wurde?

Lassen wir das, sagt die Frau, davon habe ich schon viel zu oft berichtet, immer wieder, lassen wir den Krieg Krieg sein.

Aber gern, sagt der Redakteur, gern lasse ich den Krieg Krieg sein.

Die Frau lächelt ihn an. Sie haben ja doch ein wenig Humor!

Ab und zu, sagt er.

Die Frau schmunzelt. Also weiter, sagt sie dann.

Ich verkroch mich gern. In der Nähe des Gymnasiums gab es einen stillgelegten Bahndamm, der zu verwilderten Gärten abfiel. Kein Mensch geriet je dorthin. Als ich eines Tages nach der Schule alleine am Nachhauseweg war, entdeckte ich einen Einstieg. In den dicht und undurchdringlich miteinander verwobenen Büschen und Brennesselstauden hatte vielleicht ein Tier, eine Katze vielleicht oder ein Hase, einen Weg gefunden, jedenfalls meinte ich plötzlich einen Zwischenraum zu erblicken, eine Öffnung. Ganz schmal machte ich mich, und es gelang mir hindurchzuschlüpfen. Hindurch und davon. In eine Wildnis, die nur mir zu gehören schien. Ich kauerte zwischen hohem Gras. Ich streichelte Efeublätter und Wurzelwerk. Ich legte mein Gesicht in die wilden Veilchen. Geruch von Erde und Laub umgab mich. Dieses kleine Geviert, dem ich mich mit allen Sinnen hingab, in dem jedes Blättchen, jeder Halm für mich Bedeutung gewann, machte mich zur Liebenden. Oder sagen wir so: es ließ mich eine erste Ahnung vom Wesen der Liebe erfahren.

Das war Ihnen zu viel Naturschilderung, stimmt's? fragt da die Frau, als kindliche Erfahrung nicht brisant, nicht ultimativ genug, oder? Ich sehe Ihnen Ihre Langeweile an.
Warum diese Ironie, verteidigt sich der Redakteur, obwohl er ein wenig rot geworden ist, bleiben Sie bei Ihren Assoziationen, Sie sind es, die bestimmt.
Nein, das Interesse der Öffentlichkeit bestimmt, und

nur deshalb sind Sie hier. Ich weiß das und lasse mich trotzdem darauf ein. Mein Leben ist so ausgiebig veröffentlicht worden, daß ich vollkommen offen sein kann. Das mag paradox klingen. Aber diese Art von Offenheit stellt sich ein, wenn man Öffentlichkeit eines Tages als Verantwortung wahrnimmt. Und nicht als Zirkus.

Eben! sagt der Redakteur, so sehe ich das auch.

Ja? fragt die Frau.

Ja, sagt der Redakteur.

Also, machen wir weiter, sagt die Frau, Ihr Gerät läuft und läuft, Sie müssen ja später allzu vieles beiseitelassen.

Wer weiß, sagt der Redakteur.

Aber es gab neben dieser Sehnsucht nach völligem Rückzug, nach einem Schlupfwinkel, einen ganz anderen Wesenszug, der mich lenkte. Und das seit eh und je und bis heute. Ich erfand. Ich erfand Leben. Schrieb, zeichnete, tanzte, spielte Phantasie-Figuren. Oder ließ Erfindungen auf mich einwirken. Also Bücher, Filme, Theaterabende. Das war als Kind schon so und hat mich wohl ein Leben lang begleitet. Dieser Drang, der eigenen Existenz zu entfliehen in etwas ihr Fernes, Größeres, Vielfältigeres. Also dem durch Geburt und Lebensweg festgelegten Dasein mit all seinen vertrauten Gegebenheiten eine neue, hinzuerfundene Dimension zu geben. Oder eine rettende andere, wenn Schicksal und Verlust einen erschlagen wollten.

Die Frau hält inne und blickt schweigend vor sich hin. Deshalb sind Sie ja auch Schauspielerin geworden! sagt der Redakteur. Er sagt es in munterem Ton. Ich nehme an, die Frau benötigt das jetzt, denkt er. Weiß man doch um einige Schicksalsschläge in ihrem Leben.

Nein, sagt die Frau, ehe ich auf die Idee kam, man könne auf einer Bühne Geschichten erzählen, erzählte ich sie mir schreibend selbst. Ich schrieb, als ich schreiben gelernt hatte, sofort tat ich das, erzählte, illustrierte, erfand Märchen, später kleine Erzählungen. Ich könnte Ihnen eine Erzählung anbieten, die mit meiner Kindheit zu tun hat.

Gerne, sagt der Redakteur.

Warten Sie einen Moment, ich hole das Manuskript und lese Ihnen die Geschichte dann vor. Recht so?

Der Redakteur nickt, die Frau verläßt das Zimmer.

Er stellt das Aufnahmegerät ab und lehnt sich zurück. Angenehm still ist es hier, denkt er. Gesegnete Umstände sind das, in einer so ruhigen Gasse leben zu dürfen. Wenn ich an meine Wohnung denke, Tag und Nacht der Straßenlärm vor den Fenstern! Man gewöhnt sich zwar daran, aber diese Gewohnheit hat nichts Gutes an sich, man stumpft ab.

Die Tür öffnet sich, und die Frau kommt zurück. Sie legt einige Mappen neben sich auf das Sofa, als sie sich wieder setzt. Ich habe gleich anderes mitgebracht, sagt sie, diverse Aufzeichnungen, die wir verwenden könnten.

Prima, sagt der Redakteur nochmals, aber wenn Sie die per Computer –

Nein! unterbricht ihn die Frau. Es sind nicht alle Texte gespeichert, vor allem die frühen nicht, und ich lese es lieber als Teil meines Gespräches mit Ihnen. Auch wenn die Abschrift dadurch mehr Mühe macht, tut mir leid.

Nein, nein, macht nichts.

Diese Erzählung heißt: Die Apfelkammer

Bitte! sagt der Redakteur und drückt auf die Taste des Aufnahmegeräts.

Die Frau hat ein Blatt zur Hand genommen und beginnt zu lesen.

Es war kurz nach Ende des Zweiten Weltkriegs, ich war ein etwa sechsjähriges Mädchen, ging leidenschaftlich gern und im ersten Jahr zur Schule und hatte immer Hunger. Nicht, daß meine Mutter es uns Kindern an etwas mangeln ließ, aber die Nachkriegszeit hatte uns in ihren Fängen, es war eine alles andere überlagernde Aufgabe, Nahrung aufzutreiben, und da ich schnell wuchs, war mein Appetit unersättlich. In der Straßenbahn, auf der Fahrt zu meiner großen Oma – so nannten wir sie, die unbeugsame, energische, musische Frau – hätte ich ein Mädchen, das neben mir einen Apfel aß, vor Heißhunger liebend gern ermordet, um diesen Apfel an mich zu reißen und krachend in ihn hineinbeißen zu können. So aber starrte ich ihn nur gierig an.

Bald, nachdem ich ihr davon erzählt hatte, begleitete ich meine große Oma in ein kleines, abgelegenes Dörfchen, nicht allzuweit von der Stadt entfernt. Aber im Gegensatz zur heutigen Verkehrslage brachte uns eine mir endlos erscheinende Bahnfahrt dorthin.

Die Oma half hier in einem großen Bauernhof immer wieder aus, um dann, nach einigen arbeitsreichen Tagen, mit einem Rucksack voller Nahrungsmittel zurückfahren zu können. Speck, Eier, Brotlaibe, sogar Butter und Schmalz, all das brachte sie mit nach Hause. Dafür nähte und flickte sie dort, half auf dem Feld, paßte auf ein Kleinkind auf, tat alles, was von ihr verlangt wurde, wie eine Magd. Aber man war freundlich zu ihr, und ich liebte das Landleben sofort. Den Hof mit seinen vielen Tieren, die sanfte, friedliche Landschaft, und vor allem meine Gewißheit, daß der Krieg vorbei war. Alles, was man mir vorsetzte – und man setzte mir reichlich Essen vor – verschlang ich und fühlte mich dabei wie im Paradies.

Nicht lange nach unserer Ankunft führte die große Oma mich eine Treppe hoch, öffnete eine Holztür, und ich stand in einem großen, weißgekalkten Raum, den ein unbeschreiblicher Duft erfüllte. Berge der herrlichsten Äpfel lagen dort ausgebreitet.

»Das ist die Apfelkammer«, sagte die große Oma, »hier halten sie sich gut. Du kannst dir jederzeit Äpfel nehmen und mußt deswegen niemanden ermorden, die Bäuerin erlaubt es dir gern.« Sie ging, und ich setzte mich auf die Holzbohlen in dieser wundersamen Kammer, sog den Apfelduft ein und wählte genüßlich die Exemplare aus, die ich zu verspeisen gedachte. Jeder Apfel schmeckte ein wenig anders, aber alle Äpfel, die ich aß, schmeckten mir auf unbeschreibliche Weise gut.

Ich saß lange in der Apfelkammer.

Beim Abendbrot konnte ich mich nicht an den gemeinsamen Tisch setzen.

Da saß ich anderswo, und das die halbe Nacht lang.

Am nächsten Morgen lachte die große Oma.

»Siehst du«, sagte sie dann, »zu wenig ist nicht gut, aber zu viel ist um nichts besser. Merke dir das. Lerne Maß halten, das wird deinem Leben guttun.«

Ich habe es mir gemerkt.

Der Redakteur lächelt. Schön für Sie, sagt er und greift nach einer Zigarette. Die Frau lacht auf.

Ich liebte diese Oma übrigens sehr, sagt sie dann, das sei hinzugefügt. Und sie liebte das Theater und hat mich mit dieser Liebe so beeinflußt, daß es mein Leben bestimmte.

Das Theater! Ja, wann wollen wir endlich über das Theater sprechen?

Irgendwann, sagt die Frau, aber sicher nicht ausführlich, ich habe in meinem Leben schon viel zuviel und viel zu ausführlich über Theater gesprochen, sogar dann, als ich mich ihm bereits entzogen hatte. Man redet und redet über Theater, und dabei gibt es dort doch nur Gegenwart und Augenblick. Auch ein filmisch festgehaltener Theaterabend ist nur Konserve, kann lebendiges Bühnengeschehen nicht wiedergeben, dieses atmende, Akteure und Zuschauer verbindende Jetzt.

Sehen Sie, wie Sie schwärmen, sagt der Redakteur.

Die Frau schüttelt den Kopf. Nein, ich stelle nur fest, denn dieses Jetzt am Theater kann auch grauenvoll ausfallen. Nichts kann mich trübsinniger stimmen als eine törichte oder ungekonnte Vorstellung, was für ein verschwendeter Abend, denke ich dann, wie hübsch hätte man den daheim verbringen können.

Gehen Sie häufig ins Theater? fragt der Redakteur.

Kaum noch, sagt die Frau, aber eine gelungene Vorstellung kann mich immer noch begeistern. Die Sonne sinkt, und ich bin müde geworden, Herr Redakteur. Wollen wir für heute Schluß machen und morgen fortsetzen?

Natürlich, gern, sagt der Redakteur, um dieselbe Zeit?

Ja, am Nachmittag, ist Ihnen das recht?

Selbstverständlich.

Der Redakteur dämpft die Zigarette aus, packt sein Aufnahmegerät ein, und die Frau begleitet ihn an die Tür. Als sie sich verabschieden, hören sie am Hausdach gegenüber den Gesang einer Amsel.

Wie diese Vögel den Frühlingsabend preisen, sagt die Frau, warum können wir das nicht so.

2

Es ist nicht sonnig wie am Tag zuvor, ab und zu fällt sogar leichter Regen. Wieder hat Sofia Tee serviert.

Rauchen Sie, bitte! sagt die Frau. Und schenken Sie mir auch eine.

Gern! Der Redakteur hält ihr die Packung entgegen, die Frau nimmt eine Zigarette, und er gibt ihr Feuer.

Rauchend sitzen sie einander gegenüber, vorerst noch schweigend.

Ich möchte Ihnen heute etwas erzählen, sagt die Frau nach einer Weile, das recht gut an unser gestriges Gespräch anschließt. Und es führt auch ein wenig in die Welt des Theaters hinüber, von der Sie doch so gern etwas erfahren würden.

Das finde ich schön, sagt der Redakteur.

Beide dämpfen ihre Zigaretten aus, und er drückt auf die Taste des Aufnahmegerätes.

Bitte!

Als die russischen Panzer 1956 in Budapest einfielen, besuchte ich noch das Gymnasium. Wir jungen Mädchen waren zwar politisch reichlich unwissend, aber diese Nachrichten aus Ungarn berührten uns tief. Von der Schulleitung erging ein Aufruf an uns, ungarische Flüchtlinge in den am Stadtrand abgestellten Eisenbahnzügen und in einem Auffanglager mit Nahrung zu versorgen. Wir meldeten uns sofort. Gemeinsam mit meinen Schulfreundinnen war ich zum ersten Mal nach den Kriegsjahren wieder mit menschlichem Leid, mit Flucht, Verfolgung und Not konfrontiert. Aber diesmal waren nicht wir selbst die Leidtragenden, sondern wir waren in der Lage zu helfen. Das erfüllte uns mit einem mitmenschlichen Eifer ohnegleichen. Nächtelang befanden wir uns mutterseelenallein in Großküchen und fabrizierten unerfahren, aber begeistert in riesigen Kochtöpfen irgendeinen Eintopf. Oder wir gingen mit Körben voller Eßwaren durch die Waggons endloser, auf Nebengeleisen abgestellter Züge. Während des Austeilens hatten wir kaum die Gesichter, aber unzählige Hände vor Augen, die sich uns entgegenstreckten und die bescheidenen Nahrungsmittel, meist billige Wurst und dicke Brotscheiben, gierig an sich nahmen.
Als ich jedoch einmal übereifrig die Tür eines verschlossenen Abteils aufriß, den zugezogenen

Vorhang achtlos zur Seite schob und die blassen Gesichter eines älteren, vornehm wirkenden Paares sich unwillig von mir abwandten, schämte ich mich plötzlich. Da war etwas nicht mit einer mildtätigen Essensausgabe zu stillen, erkannte ich. Der Mann im Inneren des Bahnabteils hob wortlos die Hand und schloß den Vorhang wieder. Ich stand davor und hatte das Gefühl, etwas gesehen zu haben, das sich nie mehr würde beiseiteschieben lassen.

Im Lauf der folgenden Jahre, in denen ich begann, mein Leben in die Hand zu nehmen, die Schauspielschule besuchte und danach am Theater arbeitete, heiratete, eine Tochter gebar, wurde dieser »Eiserne Vorhang«, und die wohl ganz andere, verschlossene, ein wenig unheimliche Welt dahinter, zu einer Gegebenheit, die man als unverrückbar, ja nahezu endgültig hinnahm. Man nahm hin, daß auf Erden, zwischen den Großmächten Amerika und Rußland, etwas herrsche, das man den »Kalten Krieg« nannte. Man sprach auch von einem »Gleichgewicht des Schreckens«. Genau dieses Gleichgewicht jedoch schien die Welt im Lot zu halten – wenn man es nur nicht störte! Und »Störfälle« zu vermeiden, darum schienen die Mächtigen sich ja zu bemühen. Der Vorhang war eisern, der Krieg war kalt, der Schrecken im Gleichgewicht, und die Menschen lebten mit all dem, als wäre es nicht mehr anders denkbar.

Bis – ja, bis sich ein Begriff durchzusetzen begann, der mich anfangs mit Staunen erfüllte. Im Frühling 1968 sprach man plötzlich vom »Prager Frühling«. Was war da los in Prag? dachte ich. Väterlicherseits stammt meine Familie aus der Tschechoslowakei – wie es damals noch hieß – mein Vater war sogar in Prag ins Gymnasium gegangen, und ich wußte von einer Tante Hedda und von einem Onkel Tontsch, Cousin und Cousine meines Vaters, die in Prag lebten und von denen zu Hause manchmal erzählt wurde. Ab und zu hatte uns sogar ein Brief erreicht, und ich sah Fotos. Aber diese Verwandten schienen in einer unerreichbar fremden, düster abgeschotteten Welt zu leben, die mit meinem eigenen Leben nie etwas zu tun haben würde.

Daß diese andere Welt plötzlich frühlingshaft zu erblühen schien, ähnelte einem Wunder. Auch am Theater besprach man diese neue Situation plötzlich mit einigem Ernst. Und auch Schauspieler begannen, von beruflicher Neugier erfüllt und die strengen Grenzkontrollen in Kauf nehmend, nach Prag zu reisen. Ich erfuhr vom Wirken eines als »genial« gehandelten tschechischen Regisseurs, der Otomar Krejča hieß und der in seinem Prager »Divadlo za branou« regimekritisches, wunderbares Theater machen sollte. Ich hörte mir begeisterte Schilderungen an, fand sie interessant – aber nicht viel mehr. Zu sehr nahm der Kampf um private und berufliche Selbstbehauptung mich gerade zu dieser Zeit her, ich widmete politischen Ereignissen sowohl in meinem eigenen Land als auch weltweit nur geringe Aufmerksamkeit.

Im Hinblick auf Prag sollte sich das schlagartig ändern.

Otomar Krejča sei an unser Theater engagiert worden, erfuhr ich, und würde »Fastnachtsende« inszenieren, ein Stück des tschechischen Autors Josef Topol. Aha, dachte ich mir – und wieder nicht viel mehr. Bis man mir sagte, daß ich die weibliche Hauptrolle spielen solle. Die Direktion hatte es so bestimmt.

Und dann lernte ich diesen wuchtigen Mann mit den dunklen Brillengläsern kennen. Ich weiß nicht mehr, ob wir uns bei der ersten Probe trafen oder einander schon früher vorgestellt wurden. Auf jeden Fall dauerte es eine Weile, bis sein Blick weniger prüfend und meine Unsicherheit geringer wurde. Anfangs herrschte wohl das Gefühl vor, wir seien einander verordnet worden, ohne in diese Entscheidung auch nur ansatzweise einbezogen gewesen zu sein. Keiner wußte Näheres vom anderen, was einer gemeinsamen Theaterarbeit nicht gerade zuträglich ist. Krejča sprach zwar einigermaßen Deutsch, aber er kannte uns Schauspieler nicht. Und wir sprachen kein Wort Tschechisch und kannten ihn nur vom Hörensagen.

Dazu kam, daß ich in dieser Zeit gerade meine erste Ehe und eine Scheidung hinter mir hatte, als alleinerziehende Mutter lebte und neben finanziellen Sorgen ständig um meine Tochter bangte, die nicht gesund war. Da geriet also eine traurige, enttäuschte, unter Liebesverlust leidende junge Frau in diese Probenarbeit mit einem ihr völlig unbekannten Regisseur, der sich seinerseits fremd fühlte, noch nie im Westen gearbeitet hatte und die Erfahrungen seines »Divadlo za branou« an unserem Theater nicht nahtlos umsetzen konnte.

Beide Seiten taten sich schwer. Aber nicht allzulange.

Das gemeinsame Interesse, einen Theaterabend von Qualität zu erschaffen, besiegte mehr und mehr die Aspekte des Trennenden. Allmählich stellten sich Vertrauen und emotionales Verständnis ein und wurden Voraussetzung dafür, auch die Sprachbarriere zu überwinden. Die Probenarbeit wurde von Tag zu Tag sowohl entspannter als auch spannender, beides zugleich, und bei allen Beteiligten wuchs auch die Freude daran. Krejča und ich verloren schließlich gänzlich die anfängliche Scheu, und was blieb, war respektvolle Zuneigung. Wir verstanden einander immer besser.

Zudem hatte man Krejča einen jungen und begabten Assistenten zur Seite gestellt. Mit ihm verbrachte ich außerhalb der Proben viel Zeit, durch ihn gelang es mir, das Leben endlich wieder mit hellerem Blick zu betrachten, ja es sogar ein wenig zu genießen. Diese Verliebtheit tat mir gut.

Die Premiere von »Fastnachtsende« verlief sehr erfolgreich, und einige Zeit danach war es dann auch dieser Assistent, der uns beiden den Anstoß gab, nach Prag zu reisen. Er redete mir so lange zu, bis wir letztendlich beschlossen, Krejča und sein »Divadlo« zu besuchen. Auch dieser meinte, als wir ihm unser Vorhaben eröffneten, es wäre ihm eine Freude, uns in Prag seine Schauspieler und die zu neuem Leben erwachte Stadt vorzustellen. Mir selbst wurde es außerdem zu einem Anliegen, jetzt auch endlich Tante Hedda und Onkel Tontsch leibhaftig kennenzulernen, ich schrieb ihnen und kündigte meinen Besuch an.

Also fuhren wir eines Tages im schwarzen Porsche – man denke! Aber das war damals mein Auto, und das einzige, das wir besaßen! – auf Landstraßen zum Grenzübergang in die Tschechoslowakei.

Die Stimmung dort wirkte düster und furchterregend auf mich, es dauerte, bis man uns abgefertigt hatte und mit diesem Prototyp eines Kapitalistenautos weiterfahren ließ. Alles auf der Fahrt nach Prag wirkte düster und furchterregend auf mich, vielleicht auch, weil es meinen ersten Lebenseindrücken, denen von Krieg und Nachkriegszeit, entsprach. Menschenleer wirkende Dörfer, halbverfallene Häuser, graue Straßen. Ich kann nicht sagen, ob auch der Himmel und die Witterung dunkel und trüb waren, ob nichts Frühlingshaftes die Landschaft belebte – meine Erinnerung jedenfalls schildert nichts dergleichen. Die armen Menschen! dachte ich, am Steuer meines Porsches sitzend und ihn an Schlaglöchern vorbeilenkend. Wie trostlos muß das Leben hier sein! Ich dachte es mit all dem Hochmut westlicher Schein-Sicherheit, das weiß ich jetzt.

Als wir endlich die Stadt erreichten, »das goldene Prag«, empfing uns dort ebenfalls nur Grau und Düsternis und keine Spur von Gold und »Frühling«. Ich war enttäuscht.

Wir bezogen ein riesengroßes Zimmer im »Alcron«. Obwohl völlig zerfleddert und ungepflegt, wies es noch die Anzeichen eines altmodischen Luxushotels auf. Wir, als Theatermenschen für jede eigenwillige Atmosphäre empfänglich, bewunderten jedenfalls die sich emporschwingende Freitreppe, die hohen Gänge und Räume, schöne Fensterriegel und Türgriffe aus Messing, das kaum funktionierende, weil kaum modernisierte, riesige Badezimmer. Wir bewunderten das Flair einer verwehten Zeit, obwohl unsere Bettlaken schlecht gewaschen und die verschnörkelten Heizkörper kalt waren.

Ich glaube, daß wir schon am Abend nach unserer Ankunft ins Theater gingen. In Krejčas Theater natürlich, ins »Divadlo za branou«, von dem ich so viel gehört hatte. Wir sahen ein Stück von Johann Nestroy. Ich muß gestehen, ich weiß nicht mehr welches, und es schien mir auch nicht wichtig gewesen zu sein. Woran ich mich jedoch lebhaft erinnere, war meine Hingerissenheit, obwohl ich kein Wort verstand und nicht genau wußte, worum es ging. Ich lauschte dem Tschechischen, von dem ich sonst nur durch das »Böhmakeln« gewisser Komiker in gewissen Operetten und Filmen, aber auch aus dem Munde meiner durchaus ernsthafteren Großmutter erfahren und es als seltsam knarzend und unschön belächelt hatte. Plötzlich aber hörte ich eine Sprache! Eine musikalische, facettenreiche, wohlklingende Sprache!

Vor allem aber beeindruckte mich »die« Tomášová, Krejčas Lebensgefährtin, eine bildschöne, hochbegabte Schauspielerin, deren Vielseitigkeit wir in mehreren Stücken bewundern konnten. Ja, wir sahen danach alles, was der Spielplan des »Divadlo« zu bieten hatte.

Nach den Theaterbesuchen trabten wir an Otomars Seite durch ein dunkles, nächtliches Prag. Die Straßen wirkten kaum belebt, unsere einsamen Schritte hallten auf den Pflastersteinen. In den Häuserfronten schimmerten schwach erleuchtete Fenster, auch die Straßenlampen gaben nur trübes Licht. Aber irgendwann hielt Otomar an und öffnete eine schmale Tür, die uns kaum aufgefallen wäre. Und mit einem Schlag betraten wir eine andere Welt. Eine, in der Lärm, Hitze, Essensduft, lachende, alkoholglänzende Gesichter, Musik, Wortfetzen und Biergläser regierten. Man schob Krejča und uns zu einem freien Tisch, und wir wurden von allen Seiten lauthals begrüßt. Natürlich verstanden wir kein Wort, aber es herrschte, auch uns verständlich, Herzlichkeit und euphorisch gute Laune in dieser großen Wirtsstube. Und die übertrug sich rasch auf uns. Auch uns erfaßte die Freude der anderen. Sie freuen sich über ihren Frühling, dachte ich, nach einem langen Winter endlich ein Gefühl der Befreiung, ein Aufatmen, ein Erwachendürfen, ein Abwerfen dieser Last aus eiskalten Strukturen. Ich dachte all dies zu romantisch, zu unwissend, aber die Gedanken beflügelten mich. Mir schien, als dürfte ich ein Märchen miterleben, das Ende der Tyrannei, einen Sieg des Guten und Wahren.

Mit dieser Euphorie begegnete ich also tags darauf meinen Verwandten, dem Geschwisterpaar Hedda und Tontsch, in der Halle des »Alcron«. Sie saßen starr vor Ehrfurcht in den abgewetzten, gewaltigen Samtfauteuils. Als ich auf die beiden zueilte, fröhlich ihre Namen rief und sie begrüßen und umarmen wollte, wirkten sie anfänglich völlig verkrampft. Schnell wurde mir bewußt, daß höchst bescheiden lebende Prager Bürger dieses Hotel wohl nie von innen zu sehen bekämen, daß die Geschwister sich einem ungewohnten Luxus ausgesetzt und entsprechend unsicher fühlen mußten.

Diese Verkrampfung löste sich jedoch allmählich, als der Assistent und ich sie im Restaurant zum Essen einluden. Wir bestellten Wein, dem sie vorerst scheu, weil er für ihre Begriffe mit Sicherheit frevelhaft teuer war, aber nach und nach trotzdem kräftig zusprachen. Ich erzählte von meiner Tochter, berichtete von zu Hause, von meinen Eltern und Schwestern, ließ sie von allen Familienmitgliedern grüßen, die ihnen noch ein Begriff waren, und hatte auch kleine Geschenke mitgebracht, die ich ihnen überreichte. Wir gerieten mehr und mehr in heitere und gelöste Gespräche, und ich fühlte bald, daß sie mich offensichtlich in ihr Herz schlossen. Ob wir sie nicht auch einmal bei sich zu Hause besuchen wollten? Mit dieser Frage rückten sie am Ende des Mittagessens etwas zögernd heraus, und wir sagten sofort zu.

Nachdem wir am nächsten Nachmittag in dem leicht verkommenen, mehrstöckigen Prager Wohnhaus an der Tür geklingelt hatten und mit Befangenheit hereingebeten worden waren, verstand ich das Zögern, uns einzuladen. Obwohl in allen Räumen peinliche Sauberkeit herrschte und ein sorgfältig gedeckter Teetisch uns erwartete, sprang uns die Ärmlichkeit der Verhältnisse unverhüllt entgegen. Ja, Onkel Tontsch, seine Schwester Hedda und ihr Sohn aus einer vergangenen Ehe, der kleine, dunkelhaarige, etwas schüchterne Milan, lebten, gemessen an westlichen Verhältnissen in Armut, das sah man. Aber nach einer Weile wurde auch dort die Stimmung vertraulich und heiter, wir erfuhren von Innigkeit und Liebe in dieser seltsam zusammengewürfelten, kleinen Familie, von ihrer Freude an Kleinigkeiten des Alltags, von ihrem Stolz, die Geborgenheit dieser Wohnung und einander zu besitzen. Außerdem gebe es eine winzige Datscha am Land, die Onkel Tontsch gehöre und die sie so oft wie nur möglich besuchen würden, davon berichteten sie unermüdlich und mit leuchtenden Augen.

Auch so leben Menschen in Diktaturen, dachte ich, wieder und wieder und überall auf Erden tun sie es. Sich in Bedrohung und Widerwärtigkeit irgendwie einzurichten und dem Weltgeschehen ein individuelles Schicksal, ein lebbares Menschenleben abzuringen. Sehr oft gelingt es nicht, aber versucht wird es immer. Jeder Mensch, der am Leben ist, will leben. Und nur wenige sind Helden.

Ich sah Tante Hedda, Onkel Tontsch und Milan nie mehr wieder.

Nicht sehr lange nach diesem Besuch Prags wurde der kurze Frühling politischer Entspannung, der

Versuch, vernunftbegabte Synthese gegen fundamentalistische Starre einzusetzen, wurde die Zeit
eines von den Menschen getragenen Aufbruchs,
einer sich anbahnenden Erneuerung wieder von
russischen Panzern niedergewalzt.

Die Frau greift zu ihrer Tasse, trinkt in kleinen
Schlucken vom kalt gewordenen Tee und blickt dabei
den Redakteur an.

Können Sie meine Prager Erinnerungen brauchen?
fragt sie.

Und wie, sagt der Redakteur, sie beschreiben ferne
Zeiten, die kaum noch erwähnt werden.

Eben, sagt die Frau, vielleicht will davon kaum noch
jemand etwas wissen.

Im Zusammenhang mit Ihnen schon!

Die Frau seufzt auf und schaut aus dem Fenster in den
Regen hinaus, der jetzt heftig herabrauscht.

Wissen Sie, lieber Herr Redakteur, fährt sie dann fort,
es ist ein eigen Ding um öffentliches Interesse. Im
Grunde genommen hat es mit dem Leben des Menschen, für den man sich interessiert, wenig zu tun.
Wir leben, leiden und sterben mutterseelenallein, auch
wenn wir medial präsent sind. Es gibt prominente
Leute, die meinen, sie seien nur am Leben, wenn ihr
Leben öffentlich gemacht werde, egal wie. Was für ein
grausamer Irrtum.

Tja, sagt der Redakteur.

In Ihrer Branche braucht man diese Leute, oder? fragt die Frau.

Mir geht es um Menschen, nicht um Promis, sagt er.

Das behaupten alle, antwortet die Frau, aber lassen wir's. Ich meine, daß ich Ihnen auch heute genug gesagt habe, Ihre Sekretärin hat reichlich abzuschreiben. Machen wir Schluß?

Natürlich.

Es regnet immer noch stark, brauchen Sie einen Schirm?

Nein, nein, ich habe das Auto vor dem Haus, danke.

Als der Redakteur durch den Regen davonhastet, steht die Frau in der Tür und sieht ihm hinterher.

3

Tags darauf, als Sofia ihm geöffnet und ihn in das Zimmer geführt hat, scheint die Frau den Redakteur bereits zu erwarten.

Hallo, sagt sie, fangen wir gleich an, ich muß heute ein wenig drängen, da ich abends ausgehe.

Bin ich etwa zu spät? fragt der Redakteur.

Nein, nein, alles in Ordnung, mein Lieber, setzen Sie sich. Der Tee steht bereit, trinken Sie, rauchen Sie, am besten, wir fangen gleich an, ja?

Natürlich, nur ein paar Sekunden, sagt der Redakteur und kramt das Aufnahmegerät hervor.

Und was würden Sie heute gern von mir wissen wollen? fragt die Frau, während sie ihm Tee eingießt.

Der Redakteur nimmt ihr gegenüber Platz.

Nicht böse sein, sagt er, aber wenn Sie mich schon so fragen – ich würde heute trotzdem gerne noch ein wenig mehr von Ihrer schauspielerischen Arbeit wissen wollen.

Die Frau seufzt auf.

Wie ich Ihnen schon sagte, meine Theatererinnerungen wurden schon mehrmals festgehalten, auch von mir selbst. Aber vielleicht –

Vielleicht – ?!

Nicht so eilig, Herr Redakteur, lassen Sie mich bitte in Ruhe nachdenken. Sie verhalten sich heute so, als gäbe es nur meine Jahrzehnte am Theater, die schon ewig lang zurückliegen. Ich muß gestehen, daß es mir mittlerweile echte Freude schenkt, wenn ich feststellen kann, daß ich Lesern meiner Bücher oder Besuchern meiner Konzerte als Schauspielerin völlig egal bin.

Tut mir leid, sagt der Redakteur, aber mir sind Sie als Schauspielerin nicht völlig egal.

Das merke ich sehr wohl. Aber eine Frage: Gehen Sie eigentlich je ins Theater?

Ob Sie es glauben oder nicht, ich gehe zwar selten, aber doch hin und wieder ins Theater.

Aha, sagt die Frau.

Das hätten Sie mir nicht zugetraut, oder?

Die Frau lacht. Nein, nein, warum eigentlich nicht,

sagt sie. Lassen Sie mich also weiter überlegen, was an meiner Schauspielervergangenheit auf eine bislang noch unerwähnte Weise für Sie interessant sein könnte.

Für mich ist alles interessant, sagt der Redakteur, auch alles bereits Erwähnte, wenn ich es neu von Ihnen höre.

Der Blick der Frau wird ein wenig starr, so, als läge ihr etwas überraschend vor Augen.

Warten Sie! ruft sie aus. Ja, vielleicht tu ich genau das! Vielleicht erzähle ich Ihnen jetzt nochmals und – ja, neu – von Vorgängen, die im Hinblick auf mich und das Theater einst ein öffentlich hochgeschaukeltes Thema waren und von mir letztlich nie differenziert beantwortet werden konnten. Geht es? Kann ich anfangen?

Und wie, sagt der Redakteur.

In der Schauspielschule gab es einen Kollegen, der neben dem Schauspielunterricht auch die Regieklasse besuchte und dazu noch an der Universität Philosophie studierte. Ich bewunderte ihn. Er kam aus Deutschland und war ein kluger, witziger, aber verhaltener Bursche, der bei allem stets einen kühlen Kopf zu bewahren schien. Ich hatte ein wenig Scheu vor ihm, weil ich mich neben seiner von mir bewunderten intellektuellen Schärfe rasch als ungebildet und gefühlsduselig empfand.

Aber dann ergab es sich, daß wir beide im selben Jahr direkt von der Schauspielschule an das große Staatstheater engagiert wurden, als »Eleven«, wie wir anfangs bezeichnet wurden – wohl auch der lächerlichen Gage wegen, die man als solch ein Eleve erhielt. Doch beide schlugen wir uns recht tapfer durch diese anfängliche Kleindarsteller-Zeit hindurch, beide erhielten wir allmählich Aufgaben, in denen wir uns beweisen mußten, und beiden gelang es uns, allmählich diesen Beweis zu erbringen. Ich wurde Protagonistin, also spielte im Lauf der Zeit Hauptrollen und er, Achim Benning, spielte ebenfalls, begann erfolgreich zu inszenieren und ließ die »Ensemble-Vertretung« zu einer Institution werden, mit der man zu rechnen hatte. Es war an sich völlig unüblich, daß ein Theater-Ensemble so etwas wie Macht und Einfluß haben könne, daß Spielpläne, Engagements, all dies, worüber stets nur von Direktoren entschieden worden war, plötzlich vom Schauspieler-Ensemble beurteilt und beeinflußt würde. Und zu sagen ist, daß dies auch heutzutage am Theater wieder ganz und gar unüblich geworden ist.

Aber damals, mit dem Ensemblevertreter Benning und auch im Sog einer weitgehend intakten Sozialdemokratie unter Bruno Kreisky, der auch die Handlungsweise des damaligen Unterrichts- und

Kulturministers Fred Sinowatz entsprach, durfte sich solches behaupten und bewähren.

Benning zeigte Führungsqualität, Organisationstalent, gepaart mit künstlerischem Verständnis und sowohl emotionalem als auch intellektuellem Wissen von Theater. Das wurde so auffällig – erstaunlicherweise damals auch denen auffällig, die darüber zu bestimmen hatten – daß er Direktor des Hauses wurde. Also auch mein Direktor.

Ich hatte bis dahin mit ihm gemeinsam einige Direktionszeiten durch- und überstanden, unter denen wir ab und an, trotz schöner Aufgaben und Leistungen, auch zu leiden hatten. Vor allem in unseren Anfängen erlebten wir Zeiten, in denen man dieses Theater nur als museales Ungetüm betrachtet sah.

Unter seinem Direktor Achim Benning aber verlor sich der Appeal eines verstaubten, verbeamteten Theatermonsters allmählich zur Gänze. Und dies nicht, weil er sich selbst Glanz gab, sondern weil er es glänzend führte. Ihm einen neuen Atem gab – ja, indem er es erneuerte. Damals konnte man das Wort »neu« noch ohne Unbehagen gebrauchen, es hatte noch nicht den zwanghaften Beigeschmack späterer Zeiten. Benning machte als sein Direktor dieses große, bombastische Theater so lebendig und zeitgemäß, daß sich später Theaterleute darum zu reißen begannen. Dieses große Staatstheater wurde damals ein wahr- und ernsthaft politisches Theater. Unter Benning wurden später Stücke des damals verfolgten und dann inhaftierten Václav Havel uraufgeführt. Benning selbst reiste deshalb ohne Angabe des wahren Motivs, quasi in geheimer Mission, nach Prag, um ihn dort zu treffen. Er wurde für Havel, auch als dieser später Präsident war, einer der ganz wichtigen Menschen hier im Westen, und dieser Kontakt wurde weiterhin und bis zu Havels Tod gepflegt, ohne daß Benning je daraus in spekulativer Weise mediales Kapital geschlagen hätte.

Ich selbst konnte in diesen Jahren, von Bennings Regieführung geleitet, Figuren erarbeiten – maßgeblich in Werken der großen Russen Gorki, Tschechow, Turgenjew – die auf das feinste, förderlichste meiner damaligen schauspielerischen Dimension entsprachen. Und ich begegnete, als »Regine« in Robert Musils Stück »Die Schwärmer« dem polnischen Regisseur Erwin Axer. Ich liebte es auf Anhieb, mit ihm zu arbeiten. Er war wunderbar strikt in seiner Ablehnung von Äußerlichkeiten, er forderte – um es ein wenig pathetisch, aber wahrheitsgemäß zu benennen – das Wahrhaft-Sein. Und gerade diese Regine in den »Schwärmern« wurde für mich etwas Besonderes innerhalb meiner Aufgaben am Theater. Ich hatte mich mit einer verqueren und chaotischen Person auseinanderzusetzen, obwohl ich selbst, wie ich denke, ein eher disziplinierter Mensch bin. Ich habe an dieser Figur vieles entdeckt, das ich als Ich nicht auslebe. Wenn die Schauspielerei nicht nur Sprachrohr und Empfängerhaltung sein muß, dann hat man in diesem Beruf die Möglichkeit, seine eigene Persönlichkeit erweitert zu erfahren. Und Erwin war ein Regisseur, der das voll bejahte und sogar provozierte: daß Schauspieler auch in der Darstellung einer zunächst wesensfremden, andersartigen Figur völlig bei sich bleiben und das Fremde, das Andere letztlich im eigenen Wesen entdecken.

Diese Aufführung geriet besonders erfolgreich, gewann nahezu Kult-Status – übrigens ähnlich wie später Bennings Version von Gorkis »Kinder der Sonne« – und ich glaube sagen zu dürfen, daß Erwin und seine Lebensgefährtin, die Bühnenbildnerin Ewa, mir innige Freunde geworden sind. Sie waren gern bei mir zu Gast. Einmal hatte ich in meinem Garten ein sommerliches Fest organisiert, das meine Tochter gemeinsam mit mir vorbereitete. Auch sie liebte Erwin und Ewa sehr, es waren reiche und schöne Zeiten –

Die Frau bricht ab.

Sie schweigt, und der Redakteur nippt am Tee. Sie ist traurig geworden, denkt er, irgendwie – möchte ich sie jetzt nicht stören, aber soll ich vielleicht doch fragen, ob –

Es geht schon wieder, sagt da die Frau. Ohnehin habe ich viel zu weit zurückgedacht, ich bin immer noch nicht bei dem angelangt, was ich Ihnen eigentlich erzählen wollte.

Umso besser, sagt der Redakteur.

Die Frau lacht kurz auf. Gut, aber jetzt möchte ich auf den Punkt kommen, sagt sie dann.

Nachdem Benning das Theater zehn Jahre lang geführt hatte, kam es zu einem Direktionswechsel. Wie schon gesagt, ich hatte mehrmals das Kommen und Gehen von Intendanten miterlebt. Aber was jetzt zu erleben war, hatte eine völlig andere Dimension. Da zog mit dem neuen Direktor auch ein vielzitierter »neuer Geist« ein. Eine Flagge wurde am Dach des Theaters gehißt, immer Zeichen von Eroberung und Bemächtigung. Schauspieler wurden gegeneinander ausgespielt, alt, jung, Inländer, Ausländer, zu Willen oder eigenwillig, Fronten wurden gebildet, Gräben aufgerissen. Und alles unter dem Siegel einer glückbringenden »Erneuerung«, einer notwendigen Vernichtung eben »des Alten«. In diese Kategorie fiel jetzt wahllos alles, was zuvor das Theater ausgemacht hatte. Und die Medien spielten begeistert mit. Nichts ist willkommener, als zu verwerfen, was ehemals gegolten hat, der König ist tot, es lebe der König.

Es muß gesagt werden, daß Achim Benning sich medial nie lieb Kind gemacht, daß er nie Eigenwerbung betrieben hat. Im Gegenteil, er war oft zu rauh, zu mürrisch, zu abwehrend, wo es vielleicht nötig gewesen wäre, dem Theater und sich selbst mehr Publizität zu verschaffen. Er wollte informieren, mehr nicht. Er verachtete die Journaille. Und jetzt schlug diese heftig und grausam zurück.

Denn da war plötzlich ein Nachfolger, der auf der Klaviatur der Medien zu spielen verstand, immer bereit und gewillt, der Sensationslust Sensationen zu liefern. Dieser neue Intendant und Regisseur war zwar ein überzeugter sogenannter Linker, seit Jahren in der Bundesrepublik als solcher bekannt, jedoch heizte gerade dieser Umstand hierzulande die Stimmung um ihn werbeträchtig an. Nichts ist leichter, als auf provokante Weise wilde Gegner aus dem Sumpf der rechten Ecke hervorzulocken und sich danach – mit Hilfe eines ungeheuren Medienrummels – als der vom Pöbel verfolgte Künstler zu stilisieren.

Dieses »gelenkte Mißverständnis«, wie ich es damals in einem Zeitungsartikel benannte und zu beschreiben versuchte, griff auf einmal auch in anderen Bereichen der Kunst um sich und wurde für mich etwas, das ich nicht mittragen, dem ich mich entgegenstellen wollte. Einige Male ging ich deshalb an die Öffentlichkeit, aber, wie zu erwarten war, auf klägliche Weise vergeblich. Was mir davon erhalten blieb, war die öffentliche Meinung, ich sei eine unglückliche, alternde Schauspielerin, die nicht mehr beschäftigt werde und dem Vergangenen nachtrauere. Meine empörte Entgegnung, es gehe mir bei diesem Widerstand in keiner Weise um mich selbst, nicht um Rollen oder um meinen Status am Theater, verhallte. Sie wurde überhört oder nicht geglaubt. Ich konnte die Menschen nicht erreichen, sie nicht über Methoden der Heuchelei und Verfälschung auch innerhalb des Kulturlebens aufklären. Glühend von meiner Sicht überzeugt, versuchte ich mit allzu heiligem Eifer andere sehend zu machen, und es mißlang mir gründlich. Was abzusehen war.

Auch die Meinung, ich hätte der alleinseligmachenden Schauspielerei aus Enttäuschung den Rücken gekehrt, weil eine neue Direktion mir Rollen verwehrte, konnte ich durch Jahre nicht entkräften. Ich versuchte immer wieder zu erklären, daß ich selbst die Lust am Rollenspielen verloren hätte, daß ich jetzt Bücher schriebe, mich mit meinen Liedern ja ohnehin immer wieder vor Publikum befände, nur meine jahrzehntelange Zugehörigkeit zu einem Theater gelöst hätte, um beruflich einen selbstbestimmten Weg zu gehen – es war lange Zeit zwecklos. Bis all dies eines Tages auch in der Öffentlichkeit selbstverständlich wurde.

Wer belehrt wurde, war ich selbst. Ich weiß seither, daß die Meinung der Umwelt, auch wenn sie einen beschämt und entwürdigt, nicht an der Festigkeit der eigenen Überzeugung kratzen darf. Dann setzt diese Überzeugung sich eines Tages auch wieder durch. Dann kann man sie eines Tages auch wieder aussprechen, und sie wird gehört.

Die Frau lehnt sich ins Sofa zurück.

Wie skeptisch Sie mich anschauen, Herr Redakteur, sagt sie. Und zu Recht. Natürlich bleiben Aussagen, die sich gegen eine vorherrschende Meinung richten, so oft ungehört. Aber was immer und immer zählt, denke ich, ist die eigene Entscheidung. Die eigene Entscheidung, sich nicht korrumpieren zu lassen, weil man geliebt werden möchte, möglichst von der ganzen Welt geliebt werden möchte, und diesem verständlichen Wunsch nicht nachzugeben, ihm zu widersprechen. Sich selbst in dieser Weise zu erproben, fängt, wenn du für die Öffentlichkeit arbeitest, ja schon bei Rezensionen an.

Sie meinen Kritiken? Schlechte Kritiken? fragt der Redakteur.

Aber ja, schlechte Kritiken. Immer wieder schlechte Kritiken, ein Leben lang. Egal.

Egal?

Tun auch weh, klar. Aber dieser Schmerz ist nützlich. Härtet ab.

Wogegen?

Gegen die Wehleidigkeit, ganz einfach.

Sind Sie abgehärtet?

Die Frau lächelt.

Weitgehend, jedenfalls in dieser Hinsicht. Aber jetzt muß ich wirklich Schluß machen für heute. Leben Sie wohl, mein Lieber.

Trotzdem bis morgen? fragt der Redakteur, während er eilig das Aufnahmegerät einpackt.

Ja, sagt die Frau, natürlich bis morgen.

4

Sie kommt gleich, sagt Sofia, ein bißchen müssen Sie warten. Wollen Sie wieder Tee?

Wenn es Ihnen nichts ausmacht?

Aber gern.

Als Sofia das Zimmer verlassen und die Tür hinter sich geschlossen hat, tritt der Redakteur ans Fenster und sieht in den Garten hinaus. Wolken ziehen hinter den Bäumen vorbei.

Es ist sehr still im Haus. Nach einer Weile verläßt der Redakteur das Fenster und geht einige Male im Zimmer auf und ab. Dann setzt er sich auf den Platz, den er schon an allen drei Nachmittagen eingenommen hatte, kramt das Aufnahmegerät hervor und postiert es am Tisch zwischen den Sofas. Zurückgelehnt lauscht er in die Stille und wird langsam ungeduldig. Als er schließlich seine Zigaretten hervorholen will, hört er am Gang die Schritte der Frau. Eilig schiebt er die Packung wieder in seine Hosentasche zurück.

Entschuldigen Sie, sagt die Frau, als sie das Zimmer betritt, heute habe ich Sie wirklich lange warten lassen.

Macht nichts, antwortet der Redakteur, gut Ding braucht eben Weile. Warum sage ich so etwas Dummes, denkt er.

Ja, aber nicht Langeweile! sagt die Frau. Sie wirkt gut gelaunt und lächelt ihn an. Sicher war's Ihnen schon sehr fad, noch dazu, ohne zu rauchen. Los, eine Zigarette! Mir auch, bitte!

Als der Redakteur den Aschenbecher geholt und der Frau und sich Feuer gegeben hat, bringt Sofia den Tee. Sie serviert uns keinen Kuchen mehr, sagt die Frau, denn wir haben kein bißchen von ihrem Guglhupf gegessen. Oder hätten Sie doch gern – ?

Nein, nein, versichert der Redakteur, Tee reicht, danke.

Wußte ich's doch, sagt Sofia und verläßt das Zimmer.

Ist sie jetzt beleidigt? fragt der Redakteur.

Nein, nur realistisch.

Aha, sagt der Redakteur.

Was also? fragt die Frau. Was wollen Sie heute von mir hören?

Nun ja – ich dachte – vielleicht – nach einigem Beruflichen gestern –

Etwas über meine Männer? fragt die Frau.

Genau, sagt der Redakteur.

Aber von denen weiß doch jeder!

Jeder?

Aber ja! Immer wieder Interviews zu diesem Thema,
denen ich mich nicht entzog. Und wer meine Bücher
liest, erfährt, wenn er will, mehr als genug von Männern, also auch von meinem Wissen, meiner Erfahrung und meiner Einstellung dazu.

Wäre es nicht aufregend, nochmals und ganz neu
zu beleuchten, was gerade Ihnen als Frau widerfah-
ren ist? fragt der Redakteur. Sie wird mir den Kopf
abreißen, denkt er.

Aber die Frau schweigt. Dann dämpft sie gemächlich
ihre Zigarette aus, lehnt sich zurück und sagt: Los.
Knipsen Sie Ihr Gerät an.

Der überraschte Redakteur tut eilig das Befohlene.

Es kann losgehen, sagt er dann.

Im Rückblick gesehen hat sich das, was ich als
Mädchen nicht nur erträumte sondern als eine der
festen Gegebenheiten des Lebens erwartet hatte,
nicht oder kaum erfüllt. Ich sah früh all die amerikanischen Nachkriegs-Liebesfilme, mit ihren
letztlich prüden Betrachtungen des Frauseins, in
dem die Ehe und die sogenannte Anständigkeit

zu siegen hatten. Aber bald las ich auch Literatur. Und bald war ich am Theater. Und bald wollte ich lieben. Mein Anspruch war hoch, ich gebe es zu. In keiner Weise auf Heirat oder Kinder gerichtet, beanspruchte ich die Liebe zwischen den Geschlechtern als kluge Seligkeit. Ja, so stellte ich es mir vor. Der Leib selig, die Seele klug.

Aber bereits die erste Hinwendung zum anderen Geschlecht trug mir eine grausame Verletzung meiner Mädchenträume ein. In das zarte Sehnen beginnender Weiblichkeit trampelte ein Jüngling, mit dem ich in der Tanzschule, die man gutbürgerlichen Jugendlichen verordnete, bekannt geworden war, ungeschickt gierig hinein. Nach der Flucht vor dieser plötzlich hervorbrechenden männlichen Gewalt, gerade noch, ehe daraus eine Vergewaltigung werden konnte, flüchtete mein Körper in das totale Verweigern von Weiblichkeit, ich wurde magersüchtig. Anfangs dachte ich nur, schlanker und hübscher werden zu wollen und deshalb die Diätvorschläge einer Schulprofessorin zu befolgen. Aber das wandelte sich rasch, ich geriet ausweglos tief in die Sucht, nichts mehr zu essen. Wurde für meine armen Eltern ein so unbegreiflich schreckliches Problem, daß es ihr Leben verdunkelte. So wie meines dunkel war, in ein Nahrung verweigerndes Dahinvegetieren versunken, Leib und Seele wie sterbend.

Glückhafte Umstände jedoch ließen mich diese Lebensgefahr überstehen, ich konnte mich nach einiger Zeit aus den Fängen der Krankheit lösen, und ich konnte ziemlich unbeschadet weiterleben. Und um die Zeit meiner Abschlußprüfungen am Gymnasium und der darauf folgenden Aufnahmeprüfung in die Schauspielschule ließ ich mich kurzentschlossen von einem etwas älteren Chemiestudenten entjungfern, ohne mir sonderlich lange eine Verliebtheit einzureden. Ja, ich verhielt mich dem Mann gegenüber ziemlich rücksichtslos, mit ihm ins Bett zu gehen nahm ich als Notwendigkeit auf mich, mir schien, als Frau müsse man es irgendwann hinter sich bringen. Noch dazu als Frau, die leben wollte wie Simone de Beauvoir. In der Schauspielschule waren wir alle Existenzialisten, trugen schwarze Rollkragenpullover, die Mädchen mit bleichen Lippen und dunkelumrandeten Augen, die Burschen möglichst mit einer Brille, ähnlich wie Sartre sie trug. Als ein Studienkollege sich in mich verliebte, während wir gemeinsam im Studiotheater Shakespeare probten und spielten, ließ ich auch das gewähren, ohne mich emotional auch nur im geringsten auszuliefern. Ich beobachtete. Beobachtete mich selbst, den jungen Mann, unsere Liebesversuche, unsere Körper, seine wachsende Leidenschaft. Als er zu viel Nähe wollte, verließ ich ihn. Ließ mich jedoch bald darauf in eine Liebe fallen, die jede Form von Zukunft, von Zusammenleben von vornherein ausschloß. Aber es war eine Liebe, die mich gleichzeitig verwöhnte, weil ich da von einem um vieles älteren Menschen menschlich und künstlerisch geachtet wurde, im Innersten verstanden, und uneigennützig, obwohl leidenschaftlich, begehrt. Ich meinte unter der Unmöglichkeit einer realen Erfüllung dieser Liebesbeziehung zu leiden, aber dieses Leid hatte Schönheit, und nachträglich weiß ich, wie sehr gerade die uns verbotene Nähe mich frei machte, ihm nah zu sein.

Vielleicht blieb im weiteren Verlauf meines an Männern nicht armen Lebens diese Liebe die erfüllendste, dachte und denke ich oft.

Die Frau greift zur Teekanne und gießt ihre Tasse voll. Ich mag kalten Tee, sagt sie, und ich glaube, für heute reicht es mir.

Ich danke Ihnen sehr, sagt der Redakteur, wenn wir in dieser Weise weiterkommen, bin ich mehr als zufrieden.

Ob ich Sie zufriedenstelle oder nicht, lieber Herr Redakteur, ist mir ziemlich egal, Sie müssen sich also für nichts bedanken. Es geht mir darum, was ich mit meiner eigenen Zufriedenheit anstelle. Ob irgendetwas der Öffentlichkeit Anvertrautes nicht immer zurückschlägt. Ob ein in der Öffentlichkeit bekannter

Mensch zu sein – ob das mit Menschenwürde überhaupt vereinbar ist? Ganz grundsätzlich, meine ich.

Die Frau schaut vor sich hin, während sie in kleinen Schlucken Tee trinkt. Schweigen will ausbrechen.

Aber, sagt der Redakteur, was täte die Menschheit ohne die Menschen, von denen man weiß? Überlegen Sie mal!

Die Frau hebt den Kopf und lächelt ihn plötzlich an.

Eine gute Retourkutsche, mein Lieber, muß ich sagen.

Freut mich, sagt der Redakteur, nicht unbedingt die Retourkutsche, das klingt mir zu sehr nach Streit, aber daß Sie diesem Gedanken etwas abgewinnen können. Wenn man wie Sie, gnädige Frau, ein Leben lang öffentlich gearbeitet hat, also stets im Blickfeld der Öffentlichkeit war, finde ich besser, das auch zu bejahen. Sie sagten mir zu Beginn, daß Sie den Umstand des Öffentlichseins als persönliche Verantwortung betrachten würden, und ich stimmte Ihnen zu. Jetzt möchte ich hinzufügen, daß auch unsereiner verantwortlich ist. Verantwortlich, umfassend und gleichzeitig wahrheitsgetreu zu berichten.

Unsereiner? fragt die Frau. Sie dehnt das Wort, als hätte sie schlecht gehört.

Ja, wir Journalisten, antwortet der Redakteur.

Ihr? Die Frau ist laut geworden. Ihr, mit eurem Abverkauf menschlicher Schicksale? Euren Indiskretionen? Eurer ständigen Suche nach Skandal? Der Gier nach Sensationen? Nie gewillt, würdevoll zu berichten, nur darauf aus, Menschliches zu desavouieren? Ihr und verantwortlich? Daß ich nicht lache!

Der Redakteur steht auf und stopft Aufnahmegerät, Notizheft, Zigarettenpackung und Feuerzeug in seine Jackentaschen, schweigend, ohne noch ein weiteres Wort zu verlieren. Ich gehe, denkt er, und komme nicht wieder. Warum soll ich mich hier beschimpfen lassen.

Sind Sie mir jetzt böse? fragt die Frau. Ich habe doch nicht explizit Sie damit gemeint. Ich meinte Ihre Zunft.

Der gehöre ich aber an, sagt der Redakteur, und natürlich will auch ich etwas von Ihnen erfahren, was nicht schon hundertmal durchgekaut wurde, und natürlich will ich das dann weitererzählen! Also der Öffentlichkeit preisgeben! Wenn Ihnen dieser Vorgang so sehr mißfällt, hören wir lieber auf damit.

Die Frau sieht den Redakteur aufmerksam an. Sie sind ja richtig beleidigt, sagt sie. Das wollte ich nicht. Sie beleidigen.

Ich bin nicht beleidigt, antwortet er, aber Sie gehen mir auf die Nerven.

Da lacht die Frau hell auf.

Ich mir auch oft, mein Lieber! Und ich mag, daß Sie ehrlich sind. Vergessen wir unseren kleinen Zwist und machen wir morgen zur gewohnten Zeit weiter, ja? Ich weiß, daß ich zu Pauschalierungen neige, und ich weiß, daß Sie sich Mühe geben mit mir. Mühe, mich zu Wort kommen zu lassen, meine ich. Wieder versöhnt? Einverstanden?

Jetzt tut sie auf charmant, denkt der Redakteur, aber er nimmt die ihm hingestreckte Hand in die seine und erwidert deren leichten Druck.

Einverstanden. Bis morgen also, zur gewohnten Zeit.

Und ich bleibe morgen bei meinen Männergeschichten, freut Sie das? ruft die Frau ihm hinterher.

Mich freut, daß Sie spöttisch sind, also wieder gute Laune haben, sagt der Redakteur, verneigt sich und schließt die Tür hinter sich.

5

Nach dieser reifen Liebe eines klugen, musischen Mannes, der um vieles älter und ein wahrhaft Liebender war, ohne Gier, ohne Besitzanspruch und ohne den Wunsch, mich zu vereinnahmen, dachte ich, es sei so. So sei Liebe.

Ich war jetzt, nach gänzlicher Überwindung meiner Eßstörungen und Verweigerungen, eine junge Frau mit einem gesunden, erwartungsvollen, zur Hingabe bereiten Körper. Und ich traf auf Künstler. Auf zur Macht bereite, die Welt verändern wollende, egomanisch rücksichtslose Künstler, die bald in der Lage waren, mich kraft ihrer Männlichkeit kleinzukriegen. Ich unterwarf mich, liebend und ahnungslos.

Die Frau hustet plötzlich. Stellen Sie das Gerät kurz ab, bittet sie, während sie zu ihrer Teetasse greift. Obwohl sie mehrmals daraus trinkt, will der Husten nicht aufhören, die Frau schüttelt wütend den Kopf und hustet weiter. So eine Scheiße, krächzt sie einige Male.

Schließlich wird sie ruhig und lehnt sich erschöpft ins Sofa zurück. Ein typischer Hustenreiz, sagt sie, jetzt ist er, glaube ich, vorbei.

Wieso typisch? fragt der Redakteur.

Es gibt Themen, die bei mir diese Husterei auslösen.

War das jetzt so ein Thema?

Kann sein, sagt die Frau. Dann schweigt sie.

An diesem Nachmittag schüttelt ein kräftiger Wind die Bäume und fährt mit brausenden Böen um das Haus. Irgendwo klappert laut ein Fensterflügel, dann sind Schritte zu vernehmen. Jemand scheint das Fenster geschlossen zu haben, das Klappern hat aufgehört. Das waren Männerschritte, denkt der Redakteur.

Ich kann weitermachen, sagt die Frau.

Gern, sagt der Redakteur und drückt auf die Taste.

Die Frau sitzt wieder aufrecht, ihr Oberkörper spannt sich an, und sie schaut vor sich hin, als sähe sie ins Weite. Ins Weite ihrer Vergangenheit, denkt der Redakteur.

Dann beginnt die Frau zu sprechen.

Die Künstler, ja. In einen aus der bildenden Kunst, der später sehr berühmt werden sollte, verliebte ich mich unsterblich und starb bald danach fast am Liebesleid. Für ihn war ich Pausenfüller gewesen, ehe seine Freundin von einer Studienreise zurückkehrte. Nun hatte er aber einen Freund, der als der Begabteste auf der Kunstakademie galt. Als ich die Höllenqualen einer Verlassenen litt, suchte der mich tröstend auf und wurde rasch vom Tröster zu meiner neuen großen Liebe. Dieser Mann war ein genial Verrückter, sprühte vor Ideen, surrte mit mir ab und zu im offenen Sportwagen durch die Gegend, verschwand aber immer wieder und hatte eine Geliebte, die seine Sekretärin war. Wir Frauen wußten voneinander, hatten Sympathie füreinander und versuchten, dieses Nebeneinander zu leben. Er erklärte uns, wir seien doch, deshalb von ihm erwählt, nicht kleinliche, sondern großartige Frauen, was wir ihm beide unter Schmerzen zu glauben versuchten. Aber schließlich schwängerte er mich, und obwohl ich es eigentlich nicht wollte, es eher für meine Eltern und deren Angst vor den Leuten tat, heiratete ich ihn. Wir führten keine Ehe, wie man Ehen meist führt, die meiste Zeit lebte ich allein mit meiner Tochter und arbeitete am Theater. Er betrog mich ständig, er trank, er schlug mich, es war das volle Programm. Weiterhin also viel Leid und nichts an Glück. Meine Rettung war und blieb wohl der Beruf, den ich nicht aufgab und in dem ich auch nicht erfolglos blieb. Wenn ich das Theater betrat, war ich ich selbst und gleichzeitig auch immer wieder die Andere, die ich spielen mußte. Diese Fiktionen von Erleben, die die Bühne mir bot, halfen mir, die Trostlosigkeit, das Grausame meiner ehelichen Realität zu überleben. Und Liebesatmosphären, die ich mit Filmpartnern vor Filmkameras erschaffen mußte, ließen mich immer wieder kurzfristig glauben, ich sei verliebt. Eine Konstellation, in die ich mich etliche Male gleiten ließ, da ich späterhin, nach meinem ersten großen Fernseh-Erfolg, viel filmte und in diesen Filmen meist jemanden zu lieben hatte. Es waren tolle Schauspieler, denen ich auf diese Weise be- gegnete und mit denen es außerhalb der Drehzeit dann meist garnicht sehr toll wurde. Verletzun- gen auch hier, Lüge und Grausamkeit. Trotzdem wurde ich gerade in diesen Jahren mehr und mehr zu einer Schauspielerin, die als schön und ero- tisch galt, als geheimnisvolle, begehrenswerte Frau, die bei Männern keine Skrupel zu haben schien. Wurde ich in der Öffentlichkeit also genau als das Gegenteil dessen bekannt, was ich in Wahrheit war, nämlich verletzt, geschunden, enttäuscht, einsam und ungeliebt. Illusionen, die mein Beruf entwarf, und trügerische Glücksmomente ab und zu hielten mich am Leben.

Schließlich kam es zu dieser Liaison, die ich in meiner Erzählung über den Prager Frühling bereits erwähnte, ich wollte junge Frau sein und Sinnliches erfahren. Und natürlich wollte ich geliebt werden. Also gab ich mich hin, ohne selbst wirklich zu lieben. Ich liebte jeden Augenblick, der mir ein wenig Lebensgenuß bot, ich liebte, daß man mich berührte, meinen Körper begehrte, ich liebte es, mich lebendig zu fühlen. Aber diesen jungen Mann, der mir all dies eine Weile lang geschenkt hatte, verließ ich bald und grausam, um mich noch abwegiger, noch unvernünftiger, noch aussichtsloser ein zweites Mal auf eine Heirat einzulassen. Wieder war es ein werdendes Genie, das mich einfing, diesmal ein blutjunger, unausgegorener Mensch, aber strotzend vor Ideen und selbstsicherer Künstlerschaft. Ich spreche von »einfangen«, weil ich später erfuhr, daß er und einer meiner Schauspielerkollegen eine Wette darüber abgeschlossen hatten, wem von beiden es wohl gelingen würde, mich zu erobern. Diesem Jüngling, den ich anfangs nur als verwöhnten Schnösel aus gutem Haus eingeschätzt hatte, gelang es also. Nicht nur die Eroberung, sondern sogar eine Hochzeit. Wir wurden ein Fressen für die Medien. Und vielleicht entstand sogar Liebe zwischen uns, eine unreife, zu junge, verfrühte Liebe bei ihm, eine wieder viel zu sehnsüchtig am falschen Platz Geborgenheit suchende bei mir. Diese Ehe konnte nur schiefgehen. Auch er betrog mich am laufenden Band, und ich fuhr zu Dreharbeiten und bemühte mich in der Ferne auf ähnliche Weise Rache an ihm zu üben. In dieser Zeit versagte ich als Mutter und ging als Frau auf verzweifelte Weise langsam kaputt. Aber mein öffentlicher Appeal litt nicht darunter, das ist es, was mich sogar nachträglich, sogar heute noch bestürzt. Daß diese Fassade einer verführerischen Frau, hinter der ich meine Verstörung verbarg, für Männer anziehend war. Wie konnte es sein, daß gerade ich, als Frau ein Desaster, nicht Unglück ausstrahlte, sondern erotische Verheißung.

Eine längere Pause entsteht. Immer noch stürmt es, die Bäume rauschen wie wild, man hört es durch die geschlossenen Fenster.
Vielleicht eine Zigarette? fragt der Redakteur.
Rauchen Sie nur, sagt die Frau, aber erklären Sie mir vorher, als Mann der Medien, dieses Mißverhältnis zwischen Sein und Schein.
Sie haben es sich eben selbst erklärt, sagt der Redakteur, mit den Begriffen Sein und Schein. Da liegt der Hund begraben. Ich denke, daß Sie selbst den Schein zu begabt bedient haben, um Ihr trauriges Sein auszuhalten. Eine Fassade – haben Sie es selbst genannt. Viele Menschen öffentlichen Interesses werden süchtig nach diesem Schutz, den ihnen diese Fassade zu gewähren scheint. Mensch zu sein, ist nicht leicht.

Die Frau neigt sich ein wenig vor und mustert den Redakteur, als sähe sie ihn zum ersten Mal.

He, Sie sind ja klug, sagt sie.

Das haben Sie die ganze Zeit bezweifelt? Und mich trotzdem in Ihr Haus gelassen? fragt der Redakteur.

Ich wundere mich selbst darüber, sagt die Frau und lächelt ihn an. Der Redakteur erwidert das Lächeln.

Wollen wir aufhören für heute? fragt er.

Noch nicht, sagt die Frau, ich möchte weitermachen. Vielleicht, weil sie sagten, Menschsein sei nicht leicht.

Kein sehr origineller Satz, meint der Redakteur.

Aus Ihrem Munde schon.

Wieso?

Weil da einer spricht, dem es doch beruflich darum gehen müßte, Menschsein zu vereinfachen, zu einer leichten Ware zu machen. Die Öffentlichkeit braucht alles schnell, kurz und gut, keine beschwerenden Details, möglichst Plattitüden, möglichst Sätze, die man schon kennt, Schlagworte und überschaubare Menschen-Schubladen, nur nicht in die Tiefe gehen, bitte nur Oberfläche, also Oberflächlichkeiten –

Könnten Sie aufhören? unterbricht der Redakteur. Wenn nicht, muß ich leider wirklich gehen.

Aber ist es denn nicht meist genau so? fragt die Frau.

Meist, aber nicht immer, sagt der Redakteur, es gibt auch öffentliche Aufmerksamkeit auf Ungewöhnliches und Feines, auf Haltung und Bewußtsein, und es gibt einen Journalismus, der solches wahrnimmt und befördert.

Selten, sagt die Frau.

Alles, was Qualität hat, ist selten.

Die Frau schweigt.

Herr Redakteur, sagt sie dann, Sie müssen mir, glaube ich, ein weiteres Mal verzeihen, und ich werde jetzt noch ein bißchen etwas in Ihr Gerät plaudern, ja? Läuft es?

Ja, sagt der Redakteur.

Gut, dann also weiter.

Bei einer meiner Theater-Tourneen hatte ich einen Bühnenpartner, der mir schon vorher bei Drehtagen und dann bei einer anderen Theaterarbeit als Mann gut gefallen hatte, und der mir nach wie vor sehr gut gefiel. Als er mir nun anbot, mit ihm, in seinem großen Jaguar, von Ort zu Ort zu reisen, und nicht im Bus mit den anderen, nahm ich dieses Angebot gerne an, obwohl ich ahnte, daß es mir gefährlich werden könnte. Und das wurde es dann auch. Wir waren einander auf diese Weise wochenlang nicht nur auf diversen Bühnen nah, sondern Tag für Tag in seinem Auto, bei Mittagspausen in Restaurants, auf Spaziergängen mit seinem Hund, den er dabeihatte, und bei spätem Essen und reichlich Alkohol nach den Vorstellungen. Irgendwann teilten wir der Einfachheit halber auch so manches Hotelzimmer. Und das Schlimme war, daß dieser Mann mir wirklich nahekam, und das nicht nur körperlich. Daß er meine Seele betrat. Wir verstanden uns. Wir wurden ein Paar. Waren aber beide verheiratet. Er mit einer bekannten Schauspielerin, sie hatten zwei Kinder, Buben, die er abgöttisch liebte. Ich wußte, daß ich das zu respektieren hatte, zwischen uns fiel kein Wort über irgendeine Fortsetzung unserer Nähe nach der Tour. Ich war mir zwar des Schmerzes bewußt, den unser Abschied mir bereiten würde, aber heldenhaft verschwieg ich ihn. Wir spielten Abend für Abend ein ziemlich törichtes Boulevard-Stück, kämpften um Lacher im Publikum, und dabei kämpfte ich mehr und mehr gegen meine Traurigkeit an.

Bis mein junger Ehemann mich besuchte. Ich wußte nächtlings in meinem Hotelzimmer auf verzweifelte Weise nicht viel mit ihm anzufangen, und er, empfindlich und intelligent wie er war, roch den Braten. Auch die andere Frau war bei diesem Treffen der Ehepaare anwesend, und als wir unsere Tournee fortsetzten, gelang es meinem zurückbleibenden Gatten, die zurückbleibende Gattin des Schauspielers rasch zu erobern. Während wir beide uns ohne Widerstand in die eheliche Verpflichtung zurückbegeben hätten, machten die zwei anderen uns füreinander frei. Könnte man meinen. Der Schauspieler jedoch sah das in keiner Weise so, es kam zu wilden Auseinandersetzungen mit seiner Frau, die auf ihrer

glühenden Liebe zu meinem Ehemann beharrte.
Das drohende Verlassenmüssen der zwei Kinder,
ihrer gemeinsamen Wohnung wurde zu einer
Katastrophe für den Schauspieler. Er bat mich, zu
verstehen, daß er nochmals versuchen wolle, seine
Ehe zu retten. Und ich verstand. Oder ich sagte,
daß ich es verstünde, war die starke, verständnis-
volle Frau wie aus dem Bilderbuch. Dabei brach
mir das Herz.

Es war Sommer, und ich reiste mit meiner kleinen
Tochter auf eine spanische Insel, wo ein Fernseh-
regisseur und einige Schauspielerinnen Häuser
besaßen und mich einluden, sie zu besuchen. Ich
fuhr also dorthin, um meiner schmerzlichen
Enttäuschung zu entfliehen und von der wilden
Überzeugung erfüllt, alle Männer zu hassen. In
mein Tagebuch schrieb ich nichts anderes als mit
riesigen Buchstaben das Wort HASS !!

Da gab es auf der einen Seite einen Ehemann, der
mich seit eh und je hintergangen hatte und von
dem ich ohnehin bereits räumlich getrennt lebte,
und andererseits einen Geliebten, der trotz unserer
innig gewordenen Nähe wieder in sein Ehe-Nest
zurückkriechen wollte. Ich kam wie eine geladene
Pistole in diese spanische Insel-Idylle und schoß
Männer ab – ja, man kann es so nennen. Ich wollte
verführen. Ich tanzte barfuß und meist alleine vor
mich hin, wenn es unter dem südlichen Sternen-

himmel durchtanzte Nächte gab. Ich wußte dabei um meine aufreizend erotische Wirkung, sah, daß Männeraugen mich gierig betrachteten und Frauen enge Gesichter bekamen. In diesen Wochen ließ ich mich gleichzeitig auf mehrere Liebschaften ein und stiftete dadurch bei den Herren und deren Damen eifersüchtige bis schmerzliche Verwirrungen, was mir auf wollüstige Weise wohltat. Neben Meer und Strand, wo ich tagsüber mit meiner Tochter braves Ferienleben demonstrierte, wurde ich nachts zu einem entfesselten Frauenzimmer, das darauf aus war, im Gegenzug zur eigenen Verwundung Männerherzen zu brechen. Und es gelang mir. Ich befand mich auf einer Art Rachefeldzug. Je stürmischer ein Mann mich begehrte, je unglücklicher er mich bedrängte, desto kaltblütiger blieb ich.

Wow, sagt der Redakteur.
Ja, wow, stimmt die Frau ihm zu.

Das war meine wildeste Zeit, denke ich, und sie währte nur diese wenigen Sommerwochen. Aber nötig war sie mir in jedem Fall. Ich mußte weibliche Macht in mir entdecken, man hatte mein Frausein in weibliche Ohnmacht und opferbereite Duldung gezwängt, dieser Ausbruch war wohl unerläßlich. Er entsprach nicht meinem Wesen, jedoch einer

in mir schlummernden Möglichkeit, die ich aus-
probierte wie eine Waffe. Ich führte Krieg. Gegen
mich selbst und gegen den Mann.

Die Frau lacht plötzlich auf.
Wie Sie mich anschauen, lieber Herr Redakteur! Aber
keine Angst, für heute mache ich Schluß. Auch der
Sturm hat sich gelegt, ich brauche jetzt einen ruhigen
Abend.
Klar, sagt der Redakteur, ich glaube, ich auch.

6

Die Frau steht diesmal am Fenster, als der Redakteur
das Zimmer betritt. Kommen Sie her, sagt sie, aber
leise, bitte. Sehen Sie das Amselnest dort im Efeu? Die
Kleinen werden gerade gefüttert, sehen Sie es?
Der Redakteur tritt neben die Frau. Er sieht das Vogel-
nest und die aufgerissenen gelben Schnäbel der Jungen, in die von der Amselmutter etwas hineingestopft
wird. Hübsch, sagt er. Und rührend.
Die Frau wendet sich ins Zimmer zurück.
Setzen wir uns, sagt sie. Wie haben Sie das Wochenende verbracht?
Über Ihren Texten, sagt der Redakteur, meine Assistentin war fleißig.

Die Arme, wie schafft man das bloß. Zuhören und gleichzeitig schreiben!

Übungssache, meint der Redakteur, außerdem findet sie die Sache interessant.

Eine junge Frau?

So an die vierzig.

Darf sie bei Ihnen auch etwas anderes tun als abschreiben?

Darf sie, sagt der Redakteur, sie ist meine Mitarbeiterin mehr als nur Assistentin, verfasst selbst Artikel, erhält ein gutes Gehalt und wird von mir nicht ausgebeutet. Beruhigt?

Die Frau lächelt nur und gießt Tee in die Tassen.

Man tritt bei sogenannten starken Frauen immer ganz schnell ins Fettnäpfchen, ich kenne das, sagt der Redakteur.

Sie halten mich also auch für eine starke Frau?

Sie gehören in diese Kategorie.

Kategorie! Da haben wir's wieder! In Schubladen und Kategorien wird man verwiesen, und dann soll man dort aber bitte auch bleiben. Jede Frau, die selbständig lebt und arbeitet und sich ab und zu traut, eine entschiedene Meinung von sich zu geben, wird also zur starken Frau. Wann spricht man eigentlich von starken Männern? Bei denen ist das Starksein Selbstverständlichkeit. Warum gibt es in unserer angeblich aufgeklärten westlichen Gesellschaft nach wie vor kein Selbstverständnis im Beurteilen von Frauen?

He, sagt der Redakteur, eigentlich wollte ich dieses Thema jetzt garnicht mit Ihnen besprechen. Ich habe nur an meine Assistentin gedacht.

Wieso das? fragt die Frau.

Sie würde ähnlich wie Sie reagieren. Sich sofort danach erkundigen, ob man ein weibliches Wesen in dieser oder jener Position etwa beruflich ausbeutet. Katrin ist ebenfalls eine starke Frau, müssen Sie wissen. Gehört in diese Kategorie! Ja! Nicht dazwischenfunken, bitte. Ich bleibe bei diesem Wort, auch wenn Sie mich noch so böse anschauen.

Ich schaue nicht böse, sagt die Frau.

Doch, sehr.

Die Frau seufzt auf und nimmt einen Schluck Tee.

Weder bin ich böse, noch mag ich alle Frauen verteidigen, sagt sie dann. Aber setzen Sie sich jetzt bitte endlich, ich wollte ja ebenfalls nicht in die Nähe des Themas Emanzipation geraten, dazu ist es viel zu kompliziert und betrifft eben nicht nur Frauen.

Ich zum Beispiel bin ein beispielhaft emanzipierter Mann, sagt der Redakteur, prüfen Sie es nach!

Lassen Sie das Grinsen bleiben und machen Sie keine dummen Witze, um den heutigen Nachmittag zu retten. Nehmen Sie vom Tee, stellen Sie Ihr Gerät auf, und lassen Sie uns lieber weitermachen.

Der Redakteur schaut sie an.

Wir haben weitergemacht, sagt er.

Die Frau erwidert kurz seinen Blick.

Ich glaube, wir sind mitten in meinen Männergeschichten stehengeblieben, sagt sie. Keine Ahnung, worum es genau ging, als ich aufgehört habe. Wissen Sie es noch?

Und wie ich es weiß, sagt der Redakteur, es ging um Ihre wilde Zeit auf der spanischen Insel.

Ach ja, sagt die Frau. War ich damit nicht etwas zu offenherzig?

Alles wird von Ihnen autorisiert, darauf haben Sie sich mit der Redaktion geeinigt. Und ich habe es Ihnen doch auch bestätigt. Was Sie letztlich nicht haben wollen, bleibt weg.

Die Frau wendet sich in Richtung der Fenster. Wie still das Laub heute steht, sagt sie, kein Windhauch bewegt es.

Könnte ein Gewitter geben, sagt der Redakteur. Es war schon sehr schwül, als ich kam.

Ein Frühlingsgewitter, ja.

Dann schweigt die Frau, und der Redakteur wird unsicher. Habe ich etwas Falsches gesagt? denkt er, warum schaut sie so lange unbewegt in den Garten hinaus?

Aber mit einem plötzlichen Schwung dreht die Frau sich ihm wieder zu. Kann ich weitererzählen?

Ja. Das Gerät läuft.

Als ich mit meiner Kleinen im Flieger heimwärts saß und die Insel sich zurückbleibend im Meer verlor, blieb auch meine sommerlich aufgeheizte

Gemütsverfassung hinter mir zurück. Ich war nur noch müde. Das Austoben hatte mir nichts an Befreiung eingebracht, im Gegenteil, ich mußte mich eines besonders leidenschaftlich an mir interessierten Mannes erwehren, der Fortsetzung erbat und mich plötzlich anekelte. Ja, Ekel und Trauer erfüllten mich, als ich nach Hause zurückkehrte. Meine Tochter verbrachte jetzt Ferien bei ihren Großeltern, ich selbst hatte noch Zeit bis zum Beginn der nächsten Theaterarbeit und blieb allein zu Hause. Manchmal begab ich mich lustlos in den Garten, las viel, schlief viel, traf kaum Menschen und weinte immer wieder vor mich hin. Mir schien, als wäre ich uralt, mein Leben vorbei und alle Daseinsfreude in mir erloschen. Gleichzeitig bemühte ich mich jedoch, möglichst nicht an die Ursache meiner Schwermut zu rühren, an dieses bittere Dilemma meines Liebeslebens.

Die uns vom Schauspieler verbotene Nähe auf der einen Seite, die Trennung von meinem Ehemann, von dessen Tun und Lassen ich wenig erfuhr, auf der anderen – ich drängte alles verzweifelt aus meinen Gedanken. Ich wollte nicht wissen, was zwischen den beiden Männern und der umkämpften Schauspielerin geschah, wie man sich arrangierte oder nicht. Ich verkroch mich.

An einem sonnigen Morgen, als ich trübe vor dem Frühstückskaffee hockte und der Tag einsam und endlos vor mir zu liegen schien, läutete das Telefon. Das war kaum der Fall gewesen in letzter Zeit, jeder schien auf Sommerurlaub zu sein, alle Freunde verreist. Ich erhob mich seufzend, schlurfte durch das Zimmer und hob ab. »Kommst du zu mir? Rasch?« sagte der Schauspieler, »es geht nur so. Komm bitte.« Ich hörte seine Stimme, hörte den Klang drängender Sehnsucht darin und fragte nicht viel. Es war, als hätte lebendiges Leben mit einem Schlag wieder von mir Besitz ergriffen. Ich kam zu ihm, und wir blieben ab nun beisammen.

Als die Frau zu ihrer Teetasse greift, donnert es in der Ferne.

Sie hatten recht, sagt sie, ein Gewitter.

Der Redakteur schweigt, er beobachtet die Frau.

Das war einer der schönsten Augenblicke meines Lebens, sagt sie leise, dieser Anruf, diese Stimme. Es war einer der so unglaublich seltenen Augenblicke im Leben, für die vielleicht der Begriff Glück gilt. Als ich den Hörer auflegte und mich auf den Weg machte, war ich glücklich.

Ein Windstoß fährt in die Bäume, und es donnert wieder, diesmal näher. Die Frau setzt ihre Tasse wieder ab. Stört das Donnern Ihre Aufnahme, oder kann ich weitermachen? fragt sie.

Weitermachen, wenn Sie weitererzählen wollen.

Ja, eigenartigerweise will ich.

Die Frau des Schauspielers wollte von meinem Ehemann nicht lassen, der Kinder wegen hatte man schließlich eine Einigung gefunden, und als endgültig feststand, daß die Ehe nicht mehr zu retten war, flogen der Schauspieler und ich aufeinander zu. Wie aus Käfigen befreit flogen wir aufeinander zu. Das war reine Schönheit. Ich kann zu dieser von Heimlichkeit und Verletzungen gereinigten Liebesbegegnung nur sagen, daß sie schön war. Und unser Zusammenleben danach war das auch. Schön. Richtig. Voll der Liebe. Er zog bald zu mir, in meine Wohnung. Und viel Zeit verbrachten wir in seinem Landhaus. Oft waren seine beiden Buben und meine Tochter mit uns, ich habe herrliche Sommerwochen in Erinnerung, mit blühenden Wiesen, einem Planschbecken, dem alten, blaugekachelten Bauernherd, auf dem der Schauspieler für uns kochte, ich mit langen Röcken und wildem Haar, er braungebrannt und mit blitzenden Zähnen unter seinem Schnauzbart hervorlachend, die Kinder ebenso braungebrannt und vergnügt um uns, es war –

Ein gewaltiger Donnerschlag erschüttert unvermutet das Haus. Gleichzeitig prasselt plötzlicher Regen so heftig gegen die Scheiben, daß die Frau aufspringt und zu den Fenstern eilt. Sie versucht, einen geöffneten Flügel zu schließen. Der Redakteur kommt ihr

rasch zu Hilfe, sie müssen sich gegen den Gewitter-
sturm stemmen, und als das Fenster endlich geschlossen ist, sind beide atemlos und durchnäßt.

Bravo, sagt die Frau. Sie schauen einander an und
lachen. Die Frau schüttelt das nasse Haar aus ihrem
Gesicht.

Ich ziehe mich schnell um und bringe Ihnen ein frisches Hemd. Schauen Sie nicht so, es gibt Männer-
hemden in meinem Haus. Bin gleich zurück.

Die Frau verläßt das Zimmer. Der Redakteur bleibt
am Fenster stehen und schaut in das Gewitter hinaus.
Aus dem schwarzen Himmel stürzen Wasserfluten,
das nasse Laub wird vom Sturm gepeitscht, und ab
und zu fährt grell das Schwefelgelb eines Blitzes darüber hinweg.

Mein Hemd ist doch nicht so fürchterlich nass, denkt
der Redakteur, außerdem ist es warm im Zimmer, ich
werde mich nicht umziehen! Er merkt, daß ihm der
Gedanke seltsam zu schaffen macht. Der Gedanke,
hier, in diesem Haus, sein eigenes Hemd auszuziehen
und in eines zu schlüpfen, das hier irgendjemandem
gehört. Lieber mache ich für heute Schluß, denkt er,
und gehe, sobald das Gewitter aufhört.

Ein Donnerschlag in nächster Nähe läßt die Fenster-
scheiben klirren, Blitze erleuchten den Garten, der
Redakteur tritt rasch vom Fenster zurück. Wird aber
nicht so bald aufhören, denkt er, so etwas von Gewitter hab ich lange nicht erlebt. Und das im Frühling.

So etwas von Gewitter! sagt die Frau, als sie das Zimmer betritt, ich habe lange nicht mehr so ein Gewitter erlebt. Mögen Sie Blau? Ich habe hier ein blaues und ein weißes Hemd, welches ist Ihnen lieber?

Vielleicht – das weiße?

Gern. Im Flur gleich rechts können Sie die Hemden wechseln.

Genau das wollte ich doch nicht tun, denkt der Redakteur, als er das weiße Hemd an sich nimmt und an ihr vorbei zur Tür geht. Die Frau trägt jetzt ein loses Kleid mit sanftem Blumenmuster. Steht Ihnen, sagt der Redakteur, die Frau lächelt, und er schließt die Tür hinter sich.

Im Vorraum einer Toilette zieht der Redakteur sich rasch um. Das neue Hemd paßt ihm, sein eigenes feuchtes rollt er zusammen. Im Spiegel stellt er einen Ausdruck von Unbehagen auf seinem Gesicht fest. Diese ganze Aktion gefällt mir eben nicht, denkt er. Aber warum eigentlich? Was daran ist mir unangenehm? Vielleicht weil ich dadurch in eine Nähe zum Leben dieser Frau gerate, die meiner Arbeit mit ihr nicht zuträglich ist, vielleicht ist es das. Ich habe jetzt zwar ein trockenes Hemd am Leibe, aber doch eines, das einem Mann gehört. Und mit Sicherheit einem Mann hier in diesem Haus. Aber worum es mir mit dieser Frau gehen soll, ist Vergangenheit, Lebensgeschichte, nicht gegenwärtiges Leben, davon war nie die Rede. Kein Interview zum Tage, keinerlei Gegenwarts-Voyeurismus, so ist es besprochen.

Die Frau lehnt im Sofa, als der Redakteur ins Zimmer zurückkommt. Sie lächelt ihm entgegen. Paßt Ihnen, das Hemd, sagt sie. Ich glaube, das Gewitter hat ein klein wenig nachgelassen, kein so naher Donner mehr und weniger Sturm. Aber es schüttet, nach wie vor. Besser, Sie bleiben, bis dieser arge Regen aufhört.

Also machen wir weiter? fragt der Redakteur.

Wollen Sie noch Tee?

Danke, nein, ich nicht. Aber wenn Sie – ?

Nein, ich auch nicht. Machen wir lieber weiter, drücken Sie auf Ihr Knöpfchen. Wo war ich stehengeblieben?

Bei den herrlichen Sommerwochen –

Ach ja. Die Frau nickt, schaut vor sich hin und spricht dann.

Wir hatten eine gute Zeit, der Schauspieler und ich. Für mich vielleicht die einzige Zeit eines geglückten Zusammenlebens mit einem Mann. Und auch er schien eine Weile lang schattenlos glücklich gewesen zu sein. Aber da ist es schon, das Einschränkende: eine Weile lang.

Wir gingen beide unserem Schauspielerberuf nach, hatten aber trotzdem immer wieder Zeit füreinander. Wir konnten einander berichten, was wir beruflich erlebt hatten, und gleichzeitig unser Privatsein auf das schönste erleben. Ja, es war eine gute, eine unvergeßliche Zeit. Bis die Schatten einfielen.

Mir war bislang nicht aufgefallen, daß der Schauspieler süchtig war. Wie ich später erfuhr, seit seiner Jugend. Daß er trank und Medikamente nahm. Wohl auch, weil wir uns im Zustand »Glück« befanden, tat er es vorerst kaum oder wenig, jedenfalls in keiner Weise exzessiv oder auffällig. Gut, er trank sein Bier, davor seinen Schnaps, wer tat so etwas nicht. Auf unserer Tournee, als wir uns zu lieben begonnen hatten, war dies wohl so erfüllend und erregend gewesen, daß es die Sucht verminderte. Und jetzt war es die Macht der Liebe – lassen Sie es mich einfach so nennen –, die ihn dabei stärkte, sein Suchtverhalten so zu mäßigen, daß ich es lange nicht mitbekam.

Da der Schauspieler frei arbeitete und immer wieder finanzielle Durststrecken zu überwinden hatte und ich selbst in dieser Zeit oft filmte und üppige Gagen bezog, konnte ich ihm ab und zu aushelfen. Aber genau das war wohl der Beginn seines Rückfalls in die Sucht. Daß er sich von mir Geld geben lassen mußte, schien ihn so zu bestürzen, daß es ihn aus der Bahn warf.

Irgendwann erlebte ich ihn zum ersten Mal betrunken und wirr. Er war aggressiv und nicht mehr er selbst. Und ein erstes Mal konnte ja auch ein einziges oder seltenes Mal sein, ich versuchte es wieder zu vergessen. Aber die Male häuften sich, wieder und wieder, in immer kürzeren Abständen, bis es für mich zu einer traurigen Gewißheit wurde. Mein Geliebter, mein Mann, mein Gefährte war suchtkrank.

Als die Frau jetzt zu sprechen aufhört, herrscht Stille.
Es hat aufgehört zu regnen, sagt der Redakteur.
Ja, das Gewitter hat sich verzogen, sogar ein bißchen Sonne, erwidert die Frau, schauen Sie, wie der nasse Garten glänzt. Ich denke, daß ich für heute genug habe und jetzt lieber den Mund halte.
Natürlich, sagt der Redakteur, ich packe schon zusammen.
Keine Eile! Die Frau gießt Tee in ihre Tasse. Wollen Sie auch?
Nein danke, sagt der Redakteur, ich gehe jetzt lieber. Das Hemd bringe ich morgen zurück, recht so?
Ja, morgen, sagt die Frau. Auf morgen also.

7

Alle Fenster sind geöffnet, ein leichter Wind streicht durch das Zimmer. Der Redakteur hat alles vorbereitet, sitzt vorgebeugt, die Arme auf die Knie gestützt, und raucht gemächlich seine Zigarette zu Ende. Das geliehene Hemd liegt gewaschen und frisch gebügelt neben ihm.

Hallo, sagt die Frau, als sie ins Zimmer tritt, da sind wir ja wieder. Habe ich Sie lange warten lassen?

Nein, nein, sagt der Redakteur, alles im grünen Bereich. Ich sitze mittlerweile gerne hier und gönne mir Ruhe, bis Sie kommen. Hat etwas Beruhigendes, Ihr Haus.

Na ja, sagt die Frau, nicht immer.

Für mich schon.

Dann sei es Ihnen auch gegönnt. Haben Sie vom Tee – ?

Ihre Sofia hat mich versorgt, danke, alles okay.

Sie ist ein wenig seltsam heute, denkt der Redakteur, irgendetwas war wohl los, weil sie sich viel mehr als sonst verspätet hat, und jetzt wirkt sie dekonzentriert.

Kann Katrin mich immer deutlich verstehen? fragt die Frau, nachdem sie Platz genommen hat.

Wie bitte?

Ihre Assistentin meine ich. Ob sie mich versteht.

Ach so, sagt der Redakteur, meine Katrin meinen Sie.

Ja natürlich, wen sonst. Bin ich in Ihrem kleinen Gerät für sie klar genug hörbar, wenn ich so vor mich hin erzähle? Oder hat sie Mühe mit der Verständlichkeit?

Sie ist gereizt, denkt der Redakteur, also ruhig antworten.

Diese kleinen Aufnahmegeräte, sagt er, sind erstens technisch brillant, man erreicht mit ihnen Studioqualität, und zweitens erzählen Sie, gnädige Frau, nicht nur so vor sich hin. Sie folgen Ihren Gedanken ohne Eile, Katrin meint, es sei ein Vergnügen, Ihnen zuzuhören.

Dann bin ich ja beruhigt, sagt die Frau.

Sie nimmt vom Tee und starrt dann vor sich hin, die volle Tasse in der Hand, ohne aus ihr zu trinken. Da ist etwas los, denkt der Redakteur, ob sie heute wirklich weitermachen will?

Drehen Sie Ihr Gerät auf, sagt die Frau, damit ich weitermachen kann. Ich weiß, worum es gestern ging, als wir aufgehört haben. Ich will die Sache hinter mich bringen.

Wollen Sie heute wirklich fortsetzen? fragt der Redakteur.

Wieso nicht? Wie kommen Sie darauf? Schaue ich heute so kaputt aus, als könne ich nicht reden?

Oje, jetzt ist sie wütend, denkt der Redakteur, aber egal. Ja, sagt er, Sie wirken ein bißchen kaputt, etwas muß Sie heute verärgert haben. Jedenfalls wirkt es so auf mich.

So so, sagt die Frau und schaut ihn an. Es wirkt so auf Sie.

Ja.

Nun gut, Sie haben nicht ganz unrecht. Aber mein privater Ärger geht Sie nichts an, oder?

Natürlich nicht.

Also dann drehen Sie jetzt bitte Ihr verdammtes Gerät auf.

Der Redakteur zögert, dieser Ton gefällt ihm nicht. Aber was soll's, denkt er dann, vielleicht würzt ihre schlechte Laune das, was sie bereit ist, zu berichten.

Okay, sagt er.

Ich kannte Alkoholiker. Auch mein erster Mann war alkoholkrank. Jetzt aber erfuhr ich zum ersten Mal den Leidensweg, das Leben mit einem Süchtigen zu teilen. Das Entgleiten des geliebten Menschen in ein unbekanntes, irrational gesteuertes, ungezügeltes Wesen, das einem Angst macht. Die immer wieder bitter enttäuschte Hoffnung, er möge die Sucht besiegen, diese Ohnmacht beim Wunsch, den Geliebten zu »retten«. Man kann einen Suchtkranken nicht retten, wenn er es nicht plötzlich – keiner weiß weshalb – selber will. Manchmal geschieht dies. Wie eine Initialzündung innerhalb des Bewußtseins kann im Süchtigen der Wille entstehen, sich aus den Fängen der Drogenabhängigkeit zu befreien. Und ab und zu schafft das jemand. Der Schauspieler schaffte es nicht.

In der Zeit, die uns noch blieb, begleitete ich ihn immer wieder in eine Klinik. Immer wieder erfüllte mich der leidenschaftliche und hoffnungsvolle Wunsch, diesmal möge der Entzug gelingen. Immer wieder kam ein gereinigter, schöner, in seine ursprüngliche, geliebte Persönlichkeit zurückverwandelter Mensch auf mich zu, und immer wieder versuchte ich an unser erneuertes Glück zu glauben. Aber meist konnte ich schon nach kurzer Zeit feststellen, daß er heimlich wieder trank, Medikamente schluckte oder sich Betäubungsmittel injizierte. Ich hatte mit der Zeit einen aus Erfahrungen gespeisten Spürsinn dafür entwickelt, dies festzustellen, ich mußte es weder entdecken, noch benötigte ich ein Geständnis. Ich wußte jedes Gramm Alkohol und Gift in seinem geliebten Körper, und mein Wissen täuschte mich nie. Es war die sofortige Veränderung seines Wesens, die mich auf untrügliche und verzweiflungsvolle Weise rasch belehrte. Unser Zusammenleben wurde allmählich zu einer traurigen Hölle.

Auch beruflich war seine Suchtkrankheit mit der Zeit nicht mehr zu verbergen. Ich begleitete ihn zu Dreharbeiten und mußte dort feststellen, wie der Regisseur und das Team von ihm abrückten, bestürzt oder zynisch, je nachdem. Man schleppte ihn über die ganze Drehzeit auf meist abfällig kommentierte Weise mit, seine »lichten« Augenblicke nutzend, und auch meine Versuche, ihm Schutz und Würde zu verleihen, mißlangen. Viele machten sich über ihn lustig, manchen tat er leid, die Stimmung am Set wurde mir unerträglich, und ich war froh, als wir nach Hause reisen konnten. Sich für den Menschen, den man liebt, schämen zu müssen, weil andere sich nicht schämen, ihn zu verurteilen, wurde für mich zu einer neuen, zutiefst schmerzhaften Erfahrung.

Auch eine Regiearbeit am Theater – ein Singspiel, bei dem ich ihm zuliebe mitwirkte und das ein großer Erfolg wurde – konnte ihm nicht helfen.

Bei den Proben gelang es ihm zwar immer wieder kreative Freude zu verbreiten, er hatte wunderbar inspirierende Einfälle und wirkte oft erstaunlich sicher und gesund. Aber in den Nächten verfiel er. Und nach der Premiere trank er wie wild und vergiftete sich fast bis zur Bewußtlosigkeit. Er war Wochen davor in ein Hotel neben dem Theater gezogen, um mir während der Probenzeit »Ruhe zu gönnen«. So lautete seine Begründung, aber ich wußte natürlich, daß er mir seine kaputte Gegenwart für eine Weile ersparen und selbst in den Nächten ungestört in der Sucht versinken wollte. Ich fand ihn also in diesem Hotelzimmer, unansprechbar, schmutzig und verwahrlost im Bett liegend, nur sein Hund war bei ihm. Apathisch lag das Tier neben dem Schauspieler, den Kopf treu behütend auf dessen Körper gelegt und kaum noch auf mich reagierend. Dieser Anblick raubte mir den Rest meiner mühsamen Beherrschung. Weinend saß ich eine Weile im verdunkelten, stickigen Zimmer und fühlte das Ende aller Hoffnungen. Ein Freund half mir, den Schauspieler in die Klinik zu schaffen, den Hund nahm ich zu mir.

Die Frau hört zu sprechen auf und schaut vor sich hin. Darf ich Ihnen Tee eingießen? fragt der Redakteur. Er hat den Eindruck, sie benötige irgendeine Zuwendung, und sei es die einer Tasse Tee.

Nein, sagt die Frau, jetzt nicht. Jetzt kein Tee.

Eine Zigarette?

Auch nicht, mit Ihnen rauche ich ohnehin viel zuviel.

Tut mir leid, sagt der Redakteur, dazu wollte ich Sie nicht verführen.

Die Frau hebt den Blick.

Von Verführen kann nicht die Rede sein, antwortet sie dann. Ich tu meist nur noch das, was ich selbst will, die Zeiten, mich ungewollt auf etwas einzulassen, sind vorbei.

Glaub ich Ihnen nicht, sagt der Redakteur.

Ach ja?

Ja. Gerade heute haben Sie auf mich den Eindruck gemacht, als geschähe etwas mit Ihnen, das Sie ganz und gar nicht wollen und dem Sie doch nicht widersprechen.

Die Frau schaut dem Redakteur schweigend in die Augen.

Ich muß Ihnen leider recht geben. Weil ich Sie nicht in der Weise belügen will, wie man öffentlich meist an der eigenen Verletzbarkeit vorbeilügt. Seltsamerweise vertraue ich Ihnen. Ja, es ist so. Ich bin nach wie vor anfällig dafür, mich gegen meinen Willen durcheinanderbringen zu lassen, und durcheinanderbringen kann einen nur das, worauf man sich eingelassen hat. Aber bleiben wir jetzt bitte bei der starken Frau, die ich ja angeblich sein soll, und lassen Sie mich noch ein wenig weitererzählen, ehe wir uns für heute trennen.

Der Redakteur nickt und lehnt sich zurück. Das Band läuft sowieso, sagt er. Die Frau schließt kurz die Augen, atmet tief und spricht dann weiter.

Wir telefonierten, als er ansprechbar wurde, es ihm in der Klinik wieder halbwegs gut zu gehen schien. Er bat mich, ihn noch nicht zu besuchen, er wolle sich erst erholen, sei kein schöner Anblick. Ich bräuchte keinen »schönen Anblick«, sagte ich, aber ich würde ihn gern sehen, egal wie. »Bald«, meinte er, »laß uns bald ins Landhaus fahren, nur wir zwei, ja? Sobald ich wieder draußen bin, ja?« Diese von ihm entworfene Zukunftsaussicht machte mir ungeheure Freude. Daß er, gerade er, jetzt an unsere ländliche Zweisamkeit dachte! »Alles wird gut«, sagte er noch, ehe ich auflegte.

Die Frau stockt. Der Redakteur schaut sie fragend an, aber sie schüttelt den Kopf. Geht schon, sagt sie.

Es war unser letztes Gespräch. Ich sah den Schauspieler nie wieder. Er verließ nachts darauf die Klinik, bezog ein Zimmer in einer schäbigen Pension, legte ein Badetuch über sein Bett und injizierte Fortral, ein Medikament, das er sich irgendwoher besorgen konnte, so lange direkt in seine Blutbahn, bis es nicht mehr ging. Die letzte Spritze lag halbvoll neben seiner herabgesunkenen Hand. Er starb noch in dieser Nacht.

Als die Frau sich ins Sofa zurücklehnt, will der Redakteur das Aufnahmegerät abstellen. Nein! sagt sie, lassen Sie mich weitersprechen.

Es war danach so, als hätte es unsere Gemeinsamkeit nie gegeben. Wenn dir ein Mensch stirbt, mit dem du rechtlich nicht verbunden bist, hast du ihn betreffend danach auch keinerlei Rechte mehr. Aber beim Begräbnis ging ich neben seiner Frau hinter dem Sarg her. Ein Fressen für die Journalisten, die für ihre Fotos von beiden »Witwen«, Seite an Seite, schonungslos andere Gräber zertrampelten. Die widerwärtige Mediengeilheit bei diesem Anlaß hat mich übrigens für alles Weitere dieser Art geprägt. Ich habe von nun an sehr genau ausgewählt und geprüft, wann, wo und wie ich mich freiwillig den Medien stelle, und meine diesbezügliche »Präsenz« stark eingeschränkt. Aber das nur nebenbei.

Es war danach so, als hätte ich die gemeinsame Zeit mit dem Schauspieler nur geträumt. Alles von ihm, jeder Gegenstand, jedes Kleidungsstück, jedes Buch verließ mich. Nur der Hund blieb bei mir. Zum ersten Mal hatte ich den Verlust eines geliebten Menschen erlebt, und es dauerte lange, ehe ich das erfassen und verarbeiten konnte. Die Welt brach mir in Stücke. Ich –

Die Frau unterbricht.

So! sagt sie, machen wir lieber Schluß für heute. Morgen habe ich keine Zeit, geht es übermorgen für Sie?

Klar, für mich geht es jederzeit, sagt der Redakteur und beendet mit einem Knopfdruck die Aufnahme.

Dann deutet er auf das Hemd neben sich.

Ich habe es gewaschen und gebügelt, sagt er.

Selber? fragt die Frau überrascht.

Natürlich selber.

Sie führen ganz allein Ihren Haushalt?

Warum nicht? Meine Hände und mein Verstand funktionieren klaglos, Männer tun immer so, als wären sie behindert, wenn es um häusliche Arbeiten geht.

Die Frau lächelt.

Mit dieser Einstellung sind Sie aber eine löbliche und äußerst seltene Ausnahme, mir hat noch kein Mann so was gesagt.

Weil ohnehin Sie es waren, die den Haushalt geführt hat?

Weil ich dafür immer eine Person engagieren und finanzieren mußte. Und die meiste Zeit meines Lebens habe ich ohnehin nur mit meiner Tochter oder allein gelebt.

Die Frau blickt vor sich hin. Beide schweigen.

Gut, ich komme also übermorgen, durchbricht der

Redakteur schließlich die Stille, soll ich lieber etwas später – ?

Nein, nein, antwortet die Frau. Ich werde mich bemühen, Sie nicht wieder so lange warten zu lassen wie heute, aber heute ging es leider nicht anders.

Ich kann warten, sagt der Redakteur

Die beiden schauen einander an.

Bis dann, sagt die Frau.

8

Als Sofia dem Redakteur die Haustür öffnet und mit heller Stimme: Ah! Guten Tag! sagt, freut er sich irgendwie, dieses mittlerweile vertraute Gesicht wiederzusehen. Als wäre er nicht nur einen Tag, sondern längere Zeit nicht mehr hier gewesen.

Sie werden schon im Salon erwartet, sagt Sofia, als sie vorausgeht. Und wirklich schaut ihm die Frau vom Sofa aus entgegen, entspannt zurückgelehnt und lächelnd.

Na, wie finden Sie das? Heute bin ich mehr als pünktlich, nicht wahr?

Toll, sagt der Redakteur.

Wie haben Sie den gestrigen Tag hingebracht ohne mich?

Hingebracht ist gut, denn ich kann ja, wie Sie sich vorstellen können, nicht mehr leben ohne Sie.

Das freut mich, sagt die Frau, und beide lachen.

Dann holt der Redakteur das Aufnahmegerät hervor und stellt es auf. Wollen wir? fragt er.

Wie wäre es vorher mit Tee, der noch nicht kalt geworden ist?

Später gern.

Das weiche Licht eines bewölkten, sonnenlosen Tages fällt in das Zimmer. Wieder diese Stille, denkt der Redakteur, hier ist es immer still.

Gleich geht's los, sagt die Frau, ich überlege nur, was ich zuletzt gesagt habe.

Die Welt sei Ihnen in Stücke gebrochen, sagten Sie.

Das tat sie, ja.

Die Frau schweigt.

Aber mit der Zeit, fährt sie dann fort, klebt man alles, was gebrochen ist, die Welt, das Herz, die Hoffnung, das Vertrauen, wieder irgendwie zusammen und lebt weiter. Ich würde sagen, ein guter Einstieg für meine nachfolgenden Männergeschichten.

Lassen wir den Begriff Männergeschichten lieber beiseite, sagt der Redakteur, er gefällt mir nicht mehr.

Mein Lieber, werden Sie jetzt nicht sentimental, sagt die Frau. Sie können auf Ihr Knöpfchen drücken. Los!

Na gut, sagt der Redakteur, Ihr Wunsch sei mir Befehl.

In meiner Trauer um den Schauspieler unternahm ich eines Herbstnachmittags eine einsame Wanderung, ich dachte, beim Dahingehen zwischen

Bäumen, die im Wind rauschen, würde mir Trost zugesprochen. Da trat mir plötzlich ein Mann in den Weg. Er sehe meine todtraurigen Augen und müsse unbedingt mit mir reden, sagte er. Es war ein mir nicht unbekannter Journalist, der da mitten im Wald unvermutet mein Gespräch suchte, und ich war empört. »Könnt ihr Schmeißfliegen einen denn nirgendwo in Ruhe lassen!« schrie ich und wollte weitergehen. Er hielt mich auf und sah mir eindringlich in die Augen. »Ich will kein Interview«, stieß er hervor, »ich will mit Ihnen reden. Ich habe Krebs, und ich weiß, daß Sie verstehen, was Schmerz und Angst bedeuten. Suchen Sie nicht auch ein Gespräch über Tod und Endlichkeit? Laufen Sie bitte nicht weg. Lassen Sie mich bitte neben Ihnen weitergehen und zu Ihnen sprechen. Bitte.« Eigentlich wehrte sich alles in mir, jetzt über Tod und Endlichkeit zu sprechen, ich wäre gern allein weitergegangen, aber aus irgendeinem Grund, den ich mir selbst nicht erklären konnte, duldete ich seine Begleitung. Und der Mann erzählte von seinem Hautkrebs, wie man das Melanom durch Zufall entdeckt habe, von der Operation, von der Chemotherapie, von all seiner Qual, seinen Schmerzen und vor allem von seiner Todesangst. Ich hörte einfach nur zu. Und seltsamerweise war da etwas an seiner Art sich auszusprechen, das mir nicht unangenehm wurde. Im Gegenteil, es erzeugte und vertiefte meine Anteilnahme und eine wachsende Bereitschaft, seinen Überfall zu verstehen. Zu unseren Autos zurückgekehrt, verabredeten wir uns für den nächsten Tag zum Abendessen.

Als wir uns im Lokal gegenübersaßen, gerieten wir bald wieder in dieses Gespräch, das er bei mir gesucht hatte. Und es wurde jetzt tatsächlich zu einem Dialog, da ich auch zu reden begann. Der Mann erreichte, daß ich offen wurde, ihm von Schmerz und Verlust erzählen konnte. Wir kamen uns rasch nahe. Ich weiß nicht mehr, ob es schon an diesem Abend geschah, aber irgendwann schliefen wir auch miteinander. Nicht so sehr aus Begehren oder Leidenschaft, sondern eher wie traurige Kinder, die Trost suchen. Der Journalist lernte meine Tochter kennen, wir unternahmen Wanderungen mit dem Hund, und wir verreisten gemeinsam. Einmal flogen wir nach Amsterdam und schlenderten dort ein paar Tage an den Grachten herum. Nachts lagen wir im Hotelzimmer nebeneinander, als bräuchten wir Zuflucht, als müßten wir uns ausruhen. Was entstanden war, hatte nicht so sehr mit einer Liebes-Beziehung zu tun, es wurde eher zu einer Leidens-Beziehung, also einem Austausch von Leiderfahrungen. Er wurde für eine Weile mein Gefährte, obwohl wir uns öffentlich in keiner Weise zueinander bekannten und jeden Gedanken an Zukünftiges beiseiteließen.

Jedenfalls tat ich das. Ich weiß im nachhinein nicht, ob er mich vielleicht tiefer zu lieben begonnen hatte, aber ich weiß, daß ich ihn nicht liebte. Ich mochte ihn. Ich hatte Vertrauen zu ihm. Er war mir eine Hilfe in dieser Zeit, weil er mir half, mich vom Schmerz zu lösen und weiterzuleben. Wir unternahmen auch eine Reise nach Portugal, der Journalist meinte, dieses südliche Land würde meiner allzusehr verdunkelten Seele guttun. Aber wir taten es auch, weil ein portugiesischer Musiker, mit dem ich kurz davor zusammengearbeitet und eine Platte aufgenommen hatte, uns das vorschlug. Er meinte, wir beide sollten sein Heimatland bereisen und kennenlernen und am Ende dieser Reise mit ihm in Lissabon zusammentreffen. Er plane einen Film über den »Fado«, eine typische portugiesische Liedform, und ich solle mitwirken. Solle diejenige sein, die als Ausländerin auf die Spuren des Fados gerät und diesen und seine Geschichte für sich erkundet.

Das haben Sie gemacht? mischt der Redakteur sich lebhaft ein, ist denn dieser Film auch wirklich entstanden?

Ja, sagt die Frau, diese Dokumentation über den Fado gab es dann irgendwann. Aber nicht darum geht es mir im Folgenden, ich bin eigentlich dabei, etwas anderes zu erzählen.

Natürlich, sagt der Redakteur, verzeihen Sie, daß ich unterbrochen habe.

Macht nix, sagt die Frau.

Der Journalist und ich flogen vorerst nach Porto, erkundeten den Norden des Landes und wohnten bei Figueira da Foz ein paar Tage direkt am Strand des Atlantiks. Ich erinnere mich an winzige Zimmer in einem kuriosen Häuschen, dessen ebenfalls winzige, gelbe Fassade einen pompösen Giebel aus Säulen und steinernen Adlern trug. Und ich erinnere mich an ständig vom Rauschen des Meeres durchdrungene Tage und Nächte, in denen ich unser Auseinandergleiten vorausfühlte. Ja, es war seltsam. Als wir Lissabon erreichten und mit dem portugiesischen Musiker zusammentrafen, war die Gegenwart des letzteren garnicht mehr nötig, um mir das Ende der gemeinsamen Zeit mit dem Journalisten klarzumachen. Ich sehe ihn heute noch vor mir. Wie er am Rande der Dreharbeiten gedankenvoll an irgendeiner schattigen Hausmauer lehnte, mit Strohhut und weißer Leinenjacke, Zigarillos rauchte und mich beobachtete.

Er sah mich wohl zum Leben erwachen. Zu einem neuen, bisher für mich ungeahnten Leben, das von südlichem Temperament und sinnlicher Freude erfüllt war. Der portugiesische Musiker lehrte mich zu lachen, zu tanzen, zu genießen. Dazu vor dem tiefen Blau der meerweiten Flußmündung diese heiße, weiße Stadt, die ich sofort zu lieben begann. Ich glaube, ich liebte Lissabon noch ehe mir bewußt geworden war, wie sehr der Portugiese mich anzog. Und das bekam der Journalist wohl viel früher mit als ich selbst. Er müsse zurückfliegen, sagte er nach wenigen Tagen, es hätte sich plötzlich ergeben, leider. Und ich fragte nicht nach und versuchte auch nicht, ihn aufzuhalten. Uns beiden war wohl klar, daß dies ein Abschied für immer war. Schön, daß wir jede Verlogenheit beiseiteließen, daß der wahre Grund seiner Abreise von uns nicht benannt, aber auch nicht verschleiert wurde. Unsere letzte Umarmung war uns beiden als die letzte bewußt. Er reiste ab, und ich blieb allein in dem großen Hotelzimmer zurück. Und da verbarg ich mir auch meine Erleichterung nicht. Ich war jetzt frei für das Neue, das mich zu erobern begann. Das mich vielleicht nochmals für alles entschädigen, mich reich beschenken, mich beglücken würde. Die südliche Sonne, das portugiesische Himmelsblau, die Musik, Gesang und Tanz, immer wieder Wein und köstliche, mir fremde Speisen, alles hatte mit Sinnlichkeit zu tun. Und ich genoß es auch so, mit allen Sinnen, mein Körper jubelte.

Die Frau hat ihre Hände im Schoß liegen und schaut den Redakteur an. Er erwidert den Blick.

Schön sind solche Zeiten, sagt sie, wenn man sich als Mensch so in der Fülle fühlen darf, nicht wahr?

Ja, sagt der Redakteur, schön sind diese so seltenen Zeiten.

Aber Sie haben solche auch erfahren, oder? fragt sie.

Wie gesagt – selten. Aber doch, ja.

Beide schweigen.

Plötzlich sind im oberen Stock des Hauses Schritte zu hören, es sind eindeutig kräftige, männliche Schritte, die das Zimmer über ihnen durchqueren. Wußte ich doch, daß es da jemanden gibt, denkt der Redakteur.

Ich möchte jetzt aufhören, sagt die Frau.

Selbstverständlich, antwortet der Redakteur und greift nach dem Aufnahmegerät, Sie werden ja hörbar erwartet. Warum sage ich das, denkt er sofort, es geht mich schließlich nichts an.

Ich glaube nicht, daß Sie das etwas angeht, sagt die Frau.

Da haben Sie völlig recht, entschuldigen Sie. Der Redakteur packt seine Sachen und steht auf. Ich hoffe, es bleibt trotzdem bei unserem Termin morgen?

Haben wir für morgen einen Termin?

Wir hatten ihn, sagt der Redakteur.

Da beginnt die Frau zu lachen.

Sie lacht richtig herzlich, denkt der Redakteur, zum ersten Mal, glaube ich. Was ist so lustig? Meine Indiskretion?

Nein, Ihr Gesicht.

Aha.

Also dann – bis morgen, sagt die Frau.

9

Wo waren wir? fragt die Frau.

Klar, daß sie das heute nicht mehr weiß, denkt der Redakteur.

In Portugal, bei Ihrem portugiesischen Musiker, sagt er dann.

Ach ja, genau. Bleibt es beim Tee, oder wollen Sie lieber mal was anderes?

Ich halte Rituale gern aufrecht, sagt der Redakteur.

Die Frau schaut ihn überrascht an.

Das gefällt mir. Ich nämlich auch.

Sie gießt die Tassen voll.

Der Redakteur hat bereits alles für die Aufnahme vorbereitet, sitzt der Frau gegenüber und betrachtet sie.

Schaut sie aus wie jemand, der eine Liebesnacht hinter sich hat? denkt er. Und dann gleich: Warum denke ich so etwas bei ihr?

Woran denken Sie? fragt die Frau in beiläufigem Ton.

Die hat vielleicht Antennen, denkt der Redakteur, aber, na ja – Frauen spüren eben immer alles.

Ich habe an Sie gedacht, sagt er.

In welcher Hinsicht?

In – in sehr persönlicher Hinsicht vielleicht.

Hatte es etwas mit den Schritten über uns zu tun, gestern?

Ach wo, sagt der Redakteur, wie käme ich dazu! Eher dachte ich voraus. An das, was ich vielleicht heute von Ihnen erfahre. Portugal interessiert mich.

Ach ja, Portugal interessiert Sie?

Ja, doch! Ich war vor Jahren auch einmal dort. In der Algarve. Wegen dieser Entführungsgeschichte damals.

Hübscher Grund, sagt die Frau.

Widerlicher Grund, antwortet der Redakteur. Damals mußte ich leider noch dreckigen Sensations-Journalismus bedienen.

Jetzt nicht mehr?

Jetzt sitze ich Ihnen gegenüber.

Reinen Herzens?

Fast reinen Herzens.

Die Frau lacht auf.

Darauf eine Zigarette! sagt sie und greift zur Packung des Redakteurs. Ach was, reines Herz, fährt sie fort, das Ausfragen und das Auskunftgeben, beides ist des Teufels.

Gar des Teufels?

Oh ja.

Was wir beide tun, ist das Ausfragen und Auskunftgeben? fragt der Redakteur. Oder nicht eher Zuhören und Berichten? Ist so was dann auch des Teufels? Wenn wir beide es ehrlich meinen?

Die Frau lächelt. Meinen wir es ehrlich?

Ich schon, sagt der Redakteur.

Ja?

Ja, schon. Ich bin ehrlich interessiert an Ihnen –

Wie bitte?

An Ihrem Leben natürlich – nicht an Ihnen als Person.

Ach so.

Als ihre Blicke sich treffen, lachen beide.

Ich glaube, sagt die Frau schließlich, wir meinen es so ehrlich, wie ein Interview Ehrlichkeit überhaupt zuläßt. Bei Verlogenheit könnte man nicht in unserer Weise lachen. Also vertraue ich Ihnen.

Das ehrt mich, sagt der Redakteur, und ich werde mich Ihres Vertrauens würdig erweisen.

Ui, was für ein Satz!

Ich weiß, klingt pathetisch, ist aber ganz realistisch gemeint. Bei mir können Sie sicher sein, und zwar hundertprozentig, daß es keinen Hinterhalt gibt.

Und so was soll ich einem Journalisten glauben?

Ja. In meinem Fall sollten Sie das.

Aha.

Die Frau schaut den Redakteur unverwandt an, und er wendet den Blick nicht ab.

Also gut, sagt sie dann, machen wir weiter. Portugal also.

Der portugiesische Musiker war in seinem Land wohlbekannt, hatte aber hier bei uns an der Musikakademie studiert und konnte Deutsch. Auf eine für mich vergnügliche Weise radebrechte er in meiner Sprache, aber war auch in der Lage, Liedtexte von mir höchst einfühlsam zu vertonen. Wir drehten also diesen Film über den Fado, und in einem Lissabonner Tonstudio entstand gleichzeitig eine Schallplatte, auf der sang ich eigene Texte zu Fado-Melodien und zu Kompositionen des Musikers. Mit diesem Mann zu arbeiten schenkte mir Erfahrung und Mut, war sicher Grundlage meiner weiteren musikalischen Entwicklung. Aber wir kamen uns rasch auch in anderer Weise nah, und das, obwohl er mit einer Frau zusammenlebte und Töchter hatte. Wie es während der leidenschaftlichen Hingerissenheit einer entstehenden Liebesbeziehung meist so ist, war mir das vorerst egal. Ich dachte nicht mehr daran zurück, wie sehr ich damals darunter gelitten hatte, den Schauspieler verheiratet zu wissen, ich versuchte alles, was hinter mir lag, zu vergessen und stürzte unbedacht mit Leib und Seele auch in diese Liebe. Denn schnell begann ich diesen Mann zu lieben. Oder war es der Süden, die Sinnlichkeit, das Meer, die Sonne, dieses ganz andere Temperament, das Lachen – jedenfalls meinte ich, auf eine erneuerte Weise Frau zu sein und gab mich hin. Ein leises, fernes Ahnen, daß diese Hingabe mir gefährlich werden könnte, drängte ich zurück.

Die Frau schüttelt den Kopf.

Wie wir doch immer wieder in unser Unglück rennen, sagt sie, uns in ähnlichen Mustern unsere Ohrfeigen holen und nicht dazulernen wollen. Ihnen, lieber Herr Redakteur, jetzt der Reihe nach meine Männergeschichten zu erzählen, wird langsam auch für mich äußerst aufschlußreich. Ich kann wirklich nur den Kopf schütteln.

Nicht lieber eine Zigarette rauchen? fragt der Redakteur.

Nein. Lieber dranbleiben. Es hinter mich bringen.

Wir können es aber auch überspringen, beiseitelassen. Unser Gespräch soll Sie doch nicht quälen!

Die Frau schaut den Redakteur wieder auf diese unverwandte Weise an, und wieder wendet er den Blick nicht ab.

Das ist ein sehr liebenswürdiger Vorschlag, sagt sie dann, aber da ich Ihnen, wie zuvor festgestellt, mittlerweile vertraue, habe ich ein ganz persönliches Interesse daran, mich erzählend auch durch diese Geschichte hindurchzuschlagen, vielleicht sogar hindurchzuquälen. Ich glaube, es tut mir gut.

Ja dann, sagt der Redakteur.

Ja.

Wir wurden also ein wild ineinander verliebtes Paar, was sich auf unseren Konzertreisen ungehindert ausleben ließ. Das Musizieren, die Bühne, die Ausgelassenheiten danach, üppige Mahlzeiten, reichlich Wein, ein geteiltes Bett, ich genoß sogar die Anstrengungen und Mühen dieser Tourneen. Nur seine ständige Suche nach einem Telefon – wie damals, in Zeiten ohne Handy üblich –, um sich dann zu Hause liebevoll zu melden, zärtlich zu plaudern, ohne Scheu unwahr zu sein, begann mich zu irritieren. Wenn er den Apparat im Hotelzimmer benutzte, versuchte ich wegzuhören oder ging ins Badezimmer und ließ die Spülung rauschen, um davon nichts mitzubekommen. Diese Irritation war der erste Schatten, der über diese so über allen Zweifel erhabene, der Kunst gewidmete, außergewöhnliche, ewige große Liebe fiel, den ich nicht gänzlich übersehen konnte.

Eine Weile lebte der Musiker sogar hier, mit Frau und jüngster Tochter, und das erschwerte mir das Leben. Mit ihm auf Reisen oder in Portugal zusammenzusein, war Gemeinsamkeit, Intimität, Zugehörigkeit. Aber ihn, der nun in der selben Stadt wohnte, nur für begrenzte Zeit und mit Lügenerklärungen treffen zu können, meist in meinem Haus, wurde schmerzhaft. Solange wir Lieder erschufen oder er mir vorspielte, hatte unser Treffen ein genehmigtes, offizielles Gesicht. Aber Liebesnächte waren kaum möglich, ich begann also langsam wieder zu leiden.

Scheiße! unterbricht die Frau, diese ständige Liebes-
scheiße!

Aber gnädige Frau! sagt der Redakteur.

Ja, Scheiße, ich bleibe dabei! Im Rückblick wird mir
einfach übel bei all diesen sinnlosen Wiederholungen,
sein Glück in der Liebe finden zu wollen. In meinem
Fall in der Liebe zu einem Mann. Eine Frau, die in
der Öffentlichkeit etwas darstellt, also Erfolg hat und
vielleicht gar noch Glamour besitzt, wird nie geliebt.
Sie wird stets in irgendeiner Form genutzt, oder gar
ausgenutzt. Nie wird sie um ihrer selbst geliebt, denn
dieses Selbst hinter der öffentlichen Fassade ist meist
viel zu scheu, zu sehnsüchtig, zu mickrig, zu wir-
kungslos im Vergleich zum bewunderten weiblichen
Menschen, der auf Menschen einwirken, Menschen-
herzen gewinnen, bei Menschen Aufmerksamkeit
und Identifikation erreichen kann. Dieses Phänomen,
das man am Theater sehr richtig Ausstrahlung nennt,
erlischt im Privaten. Da strahlt nichts mehr, da ist
eine Frau müde und anlehnungsbedürftig.

Na und? fragt der Redakteur.

Was heißt: na und?

Ich bitte Sie – was ist denn so arg an einer müden
und anlehnungsbedürftigen Frau? Wenn die vorher
gestrahlt hat, kein Wunder! Diese Strahlerei strengt
doch sicher an.

Die Frau stutzt. Dann bricht sie in Lachen aus. Sie
lacht Tränen. Sie kann nicht aufhören.

Hallo! sagt der Redakteur, so lustig war das von mir garnicht gemeint!

Ich weiß, stammelt die Frau, deshalb ist es so lustig!

Sie können vielleicht lachen, wenn's drauf ankommt!

Nur bei Ihnen! sagt die Frau, immer noch glucksend. Das zweite Mal schon, ich bin sonst nicht so leicht zum Lachen zu bringen.

Soll ich das als Kompliment auffassen?

Nein.

Nein?

Nein, als mehr.

Als mehr?

Komplimente sind was Blödes. Fassen Sie es als – als eine gewisse Wertschätzung auf.

Der Redakteur schweigt. Die Frau hat aufgehört zu lachen und wischt sich letzte Tränen aus den Augenwinkeln.

Was ist? fragt sie dann.

Ich habe allen Grund, zu staunen, sagt der Redakteur.

Worüber?

Daß Sie mich je Ihrer Wertschätzung für würdig erachten könnten, darüber staune ich. Am Beginn unserer Gesprächsarbeit hatte ich eher den Eindruck, Sie halten mich für einen lästigen Trottel.

Sie übertreiben.

Aber es war doch so, oder?

Die Frau lehnt sich ins Sofa zurück und betrachtet den Mann, der ihr gegenübersitzt.

Es war ganz einfach so, sagt sie dann, daß ich Sie am Beginn ausschließlich für einen Journalisten hielt.

Aber der bin ich doch! ruft der Redakteur, nach wie vor!

Ja, schon. Aber ich halte Sie mittlerweile trotzdem für einen Menschen, dem ich vertraue und mit dem ich lachen kann. Schön wäre, wenn Sie mich nicht enttäuschen würden.

Der Redakteur will antworten, aber die Frau spricht rasch weiter. Jetzt keine Beteuerung, sagt sie, beweisen Sie es mir lieber. Ich habe mein Leben lang zu viele schöne Worte vernommen, denen kläglich unschöne Taten gefolgt sind. Womit wir wieder beim Thema wären.

Wollen Sie heute noch weitermachen? fragt der Redakteur.

Warum nicht, sagt die Frau, wir haben ja an diesem Nachmittag mehr miteinander gesprochen als ich in Ihr Gerät.

Dann stelle ich es also wieder an? fragt der Redakteur.

Ja, tun Sie das.

Viel möchte ich über den Musiker ohnehin nicht mehr sagen, es geht mir irgendwie auf die Nerven, mich an diese Verbindung zu erinnern. Mich an mich selbst in diesen Jahren zu erinnern. Denn Jahre dauerte es! Viel zu viele, lange Jahre! Das mir wertvoll Gebliebene aus dieser Zeit ist gewiß mein musikalischer Weg, die Sicherheit und Souveränität, die ich mit dem Musiker, an seiner Seite singend, erlangt habe. Und die Reisen in seinem Land, die Kenntnis davon, die Liebe zur Stadt Lissabon, zu den Stränden am Atlantik, den Landschaften des Alentejo, das hat der Mann mir geschenkt. Bis heute, und schon lange Zeit ganz ohne ihn, wurde dies Teil meines Lebens. Aber er selbst, dem ich so glühend und leidenschaftlich gern mein Leben überantwortet hätte, ging äußerst verantwortungslos mit mir um. Solange es Konzerte gab, gab es auch Geld. Als er wieder in seinem Heimatland lebte, kam er sofort angereist, wenn Berufliches lockte. Aber mich, nur mich zu besuchen und dafür selbst aufzukommen – nein, immer trauriger mußte ich feststellen, daß da ein völliger Mangel an liebender Sehnsucht herrschte. Von solchen ersten Feststellungen bis hin zur bitteren Erkenntnis, neben aller Euphorie schlicht benutzt worden zu sein, ging ich leider einen langen Weg, begleitet von vielfältigsten Ausreden und Verdrängungen. Wir wurden auch älter in diesen Jahren, für ihn verlor sich der Reiz, seine familiäre Bequemlichkeit einer Affäre wegen aufzugeben, wir entglitten einander. Als ein schicksalhafter Verlust mich traf, der meiner Tochter, sah ich ihn kaum noch, er konnte mit meinem Leid, mit meiner Trauer nichts anfangen, es schreckte ihn nur. Also verloren wir uns endgültig.

Ja, das war's, sagt die Frau nach kurzem Schweigen.

Und was ist jetzt mit ihm? fragt der Redakteur. Lebt er noch?

Die Frau nickt. Er lebt noch, sagt sie. Und komponiert sehr schön.

Das Licht der sinkenden Sonne fällt herein und beleuchtet das Gesicht der Frau. Sie rückt auf dem Sofa zur Seite, sucht den Schatten.

Schade, sagt der Redakteur, ihr Gesicht in der Abendsonne hat mir gefallen.

Fangen Sie jetzt an, mir zu schmeicheln?

Nein. Aber es war so.

Draußen im Garten weht ein leichter Wind, und die Stimmen der Amseln verabschieden den Tag.

Wie wunderbar diese Vögel singen, sagt die Frau.

Wollen wir heute noch etwas aufnehmen? fragt der Redakteur, oder reicht es Ihnen?

Ich denke, es reicht. Morgen um dieselbe Zeit?

Gern.

10

Alle Fenster sind geöffnet, der Nachmittag ist strahlend schön und für die Jahreszeit fast zu warm.

Haben Sie auch Kopfschmerzen? fragt die Frau, als der Redakteur das Zimmer betritt.

Nein, sagt er, ich nicht. Aber Sie? Ist Ihnen heute nicht gut?

Geht schon, nur ein bißchen Kopfweh, das hab ich immer, wenn es föhnig ist.

Ist es heute föhnig?

Die Frau lacht auf.

Und wie! Man merkt, daß Sie noch zu jung sind, um so etwas zu spüren.

Ich bin nicht mehr zu jung, für nichts mehr, sagt der Redakteur. Nur wetterfühlig bin ich nicht. Nie gewesen. Wollen wir's heute vielleicht bleibenlassen? Soll ich wieder gehen?

Aber nein! wehrt die Frau ab, setzen Sie sich lieber. Nur ein bißchen Kopfweh, ich hab's ja schon gesagt. Der Tee ist noch heiß.

Nachdem der Redakteur Platz genommen und das Aufnahmegerät hervorgeholt hat, gießt die Frau seine Tasse voll. Er bietet ihr eine Zigarette an.

Trotz der Kopfschmerzen? fragt er.

Trotz der Kopfschmerzen, sagt die Frau und läßt sich Feuer geben.

Beide lehnen sich schweigend zurück und rauchen.

Wissen Sie, daß das heute mein zehnter Besuch bei Ihnen ist? fragt der Redakteur schließlich, nachdem lange kein Wort gefallen ist.

Ich habe nicht nachgezählt, sagt die Frau.

Ich schon. Ich zähle die Tage, die mich zu Ihnen führen. Ich bin gern hier. Vielleicht zu gern. Es wird mir fehlen, wenn unser Gespräch zu Ende gesprochen ist.

Sie sind sehr offen, sagt die Frau.

So wie Sie. Ich möchte Sie mit Ihrer Offenheit mir gegenüber nicht allein lassen.

Was für erstaunliche Worte aus dem Mund eines Interviewers, sagt die Frau.

Ich bin kein Interviewer, sagt der Redakteur, nicht mehr.

Was dann?

Weiß ich noch nicht.

Dann lassen wir's so, sagt die Frau.

Als sie ihre Zigarette ausdämpft, öffnet sich die Tür, ohne daß vorher angeklopft wurde. Ein Mann streckt den Kopf in das Zimmer, tritt aber nicht ein.

Verzeihung, ich will nicht stören, sagt er, aber ich fahre jetzt!

Gut, sagt die Frau, schöne Tage!

Dir auch, paß auf dich auf.

Tschau.

Tschau.

Der Mann nickt dem Redakteur zu, hebt seine Hand grüßend in Richtung der Frau, schließt die Türe hinter sich, und man hört seine Schritte sich entfernen.

Machen wir weiter? fragt die Frau.

Der Redakteur nickt und stellt das Gerät an. Der sah recht gut aus, der Mann, denkt er. Ist eindeutig jünger. Sie will ihn nicht kommentieren, also verbeiße ich mir jede Frage.

Sie wüßten gerne, wer das war, sagt die Frau.

Schon, wenn ich ehrlich bin.

Nennen wir ihn den letzten Mann in meinem Leben. Und bleiben wir in der Chronologie.

Gut, kann weitergehen, sagt der Redakteur.

Klar hat sie wen! denkt er, wäre doch gelacht, wenn diese Frau allein leben würde. Ich wußte es doch.

Aber im Grunde lebe ich allein, sagt die Frau, so, wie ich im Grunde immer allein gelebt habe. Also weiter.

Meine Liaison mit dem Musiker wurde so leidvoll, daß ich mich nach einer Möglichkeit zu sehnen begann, die mir helfen sollte, sein familiäres Gebundensein und meinen ständigen Wunsch nach seiner Gegenwart zu ertragen. Ich dachte, wenn ich selbst in einer Beziehung leben würde, könnte sich zwischen uns eine Art Gleichgewicht einstellen. Dann wäre nicht nur ich die ewig ihn Erwartende, sondern auch er müßte sich um unsere Begegnungen bemühen. Dann hätten wir beide Grund zu Unsicherheit und Eifersucht, meist Triebfedern, einander wieder neu zu suchen und zu finden.

Es war aber nicht so, daß ich jetzt kaltblütig nach irgendeinem Liebhaber Ausschau gehalten hätte, dazu war ich in den Musiker viel zu ausschließlich verliebt. Nur ergab es sich in dieser Zeit, daß ein Universitätsdozent für Medienwissenschaft sich bei mir meldete und mich bat, für seine Studenten eine Vorlesung zu halten, quasi als Betroffene, als »Medien-Opfer«. Die Idee gefiel mir, ich tat das dann auch und geriet dadurch mit dem Dozenten in ein Gespräch, das mich interessierte. Also begannen wir uns vorerst sporadisch, aber allmählich immer regelmäßiger zu treffen. Daß der Mann kein Künstler war, sondern wissenschaftlich orientierter Theoretiker, ein wenig spießbürgerlich wirkte und mein künstlerisches Leben als etwas für ihn Neues und Ungewöhnliches bestaunte, tat mir in meiner angegriffenen Situation seltsam wohl. Bald fühlte ich, daß er mir auf verhaltene Weise Avancen machte. Jedoch war auch er verheiratet, hatte eine junge Frau und einen Säugling zu Hause. Es ist doch immer das Gleiche! dachte ich, wie gut, daß ich mich zu ihm als Mann nicht hingezogen fühle! Obwohl recht stattlich, hatte er zu dünnes Haar und zu kleine Hände, um mir wirklich zu gefallen. Aber er blieb hartnäckig. Bei einem Auslands-gastspiel des Theaters besuchte er mich, ohne es vorher anzukündigen. Tauchte dort plötzlich auf. Sah mich in einer Vorstellung, die noch dazu mit

Erotik und Nacktheit zu tun hatte, und danach war er so aus dem Häuschen, daß es irgendwie auf mich übergriff. Unsere Liebesbegegnung wurde viel stürmischer, als ich je erwartet hätte, er war so jünglingshaft leidenschaftlich, daß es mich mitriß. Also hatte ich, wieder heimgekehrt, tatsächlich den Mann zur Seite, der den Musiker beunruhigen und so sein Interesse neu schüren sollte. Noch dazu einen, der sofort alles klarstellte, seine Familie verließ, in ein Kämmerchen zur Mutter zog, der es wirklich ernst mit mir meinte, viel ernster als ich mit ihm.

All das geschah lang vor dem Tod meiner Tochter. Sie mochte den Dozenten nicht. Das fühlte ich, obwohl sie es nicht aussprach und mich mit ihrer Kritik zu verschonen suchte. Ich fühlte, daß sie mich in jeder Hinsicht bedauerte. Obwohl sie auch das Verhalten des Musikers mir gegenüber »Scheiße« fand, konnte sie meine neue Liebschaft in keiner Weise verstehen.

Aber diese zeitigte Wirkung. Der Musiker wurde eifersüchtig – allerdings nicht in der Weise, wie ich es mir erhofft hatte. Er versuchte seine Eifersucht zu verbergen, ging freundschaftlich mit dem Dozenten um, wenn sie einander trafen, und benahm sich wie immer. Aus anderer Quelle erfuhr ich zwar, wie sehr diese neue Konstellation ihn letztlich doch irritierte, aber diese Irritation führte nur dazu, daß sich zwischen uns eine noch tiefere Kluft auftat. Wir überspielten sie bei unseren Konzerten, indem wir auf den Bühnen Innigkeit und Einverständnis demonstrierten, aber auf den Reisen buchten wir nur noch getrennte Hotelzimmer und hielten uns voneinander fern. Es war eine traurige Zeit.

Die Frau trinkt hastig, setzt aber dann die Teetasse so heftig ab, als ekle sie davor
Nicht okay, der Tee? fragt der Redakteur.
Der Tee ist okay, sagt die Frau, aber was ich damals tat, war nicht okay. Das war ekelhaft.
Der Redakteur schaut die Frau schweigend an, bis sie nach einer Weile fortfährt.

Ich kann rückblickend all meine Verirrungen irgendwie verstehen und mir selbst auch vergeben, wenn ich dabei ohne Kalkül, sondern reinen, oder auch verrückten Herzens aus Liebe handelte. Auch wenn diese Liebe noch so töricht, noch so bitter vergeblich war. Aber das damals, diese an der Seite eines ungeliebten Mannes verbrachte Zeit, da kann ich mich nicht verstehen und es mir auch nicht verzeihen. Warum ich das so lange gewähren ließ! Unsere anfängliche Sinnenfreudigkeit verlor sich, wir trafen uns zum Essen und vor dem Fernsehapparat, bei Alltäglichkeiten, die ich zuvor nur mit dem Schauspieler glückbringend teilen hatte können, danach mit niemandem mehr, der Alltag sollte nur noch mir allein gehören. Und jetzt ließ ich eine Gemeinsamkeit auf angeödete Weise zu, ohne sie wirklich zu wollen. Mir schaudert im Rückblick. Nicht, daß ich den Dozenten meine Empfindungen spüren ließ, im Gegenteil, ich benahm mich ihm gegenüber stets loyal. Wir unternahmen Reisen, und er richtete mich auf, wenn berufliche Krisen mich erschütterten. Gerade um die Zeit begann ich mich vom Theater zu lösen, mein Älterwerden bereitete mir Probleme, ich benötigte viel Konsequenz und Standhaftigkeit, mich nicht unterkriegen zu lassen. Der Dozent versuchte mir dabei zu helfen. Das Lied »Ich bin der Welt abhanden gekommen« von Gustav Mahler verehrte er mir in einer besonders gelungenen Interpretation, es sei wie für mich geschaffen, fand er. Und ich fand bald auch, der Welt abhanden gekommen zu sein. In meinem Haus, bei seinen Mahlzeiten – er kochte exzellent, ich koche nie – und vor dem Fernsehapparat lungernd, verkam ich irgendwie. Meine Tochter schüttelte den Kopf, schwieg aber. Ich selbst schüttelte auch den Kopf, aber veränderte lange, viel zu lange nichts an dieser trostlosen Gegebenheit. Nie hatte ich den Dozenten belogen, das muß ich zu meiner Ehrenrettung hinzufügen. Ich hatte ihm gleich zu Beginn von meiner unausrottbaren, jedoch nicht auszulebenden Hingezogenheit zum Musiker gesagt, und er hatte tapfer behauptet, auch das in Kauf nehmen zu können. Aber jetzt, als ein augenscheinliches Zerbröckeln dieser sich nur von Zeit zu Zeit erfüllenden Liebe zum Musiker erkennbar wurde, war es ihm natürlich nur recht. Es stärkte sein Vertrauen in eine mögliche Zukunft mit mir, während ich mich nur hinwegsehnte von ihm und um den geliebten anderen litt.

Wieder hält die Frau inne.
Was man Blödes tut, um nicht allein zu sein, sagt sie schließlich.
Aber ist doch menschlich, antwortet der Redakteur.
Für meine Seele, nennen wir es so, sagt die Frau, für meine Seele war das ein schädlicher Zustand. Er entsprach mir in keiner Weise. Wenn man den Begriff Sünde überhaupt gebrauchen will – sich selbst zu verraten, ist Sünde. Gegen besseres Wissen zu handeln, also sein Gewissen zu betrügen, ist Sünde. Da betone ich solches stets bei politischen Fragen und Entscheidungen, daß wir uns nicht selbst verraten und anpassen sollten, und dann tu ich selbst genau das im privaten Umgang mit einem Mann.
Na ja, sagt der Redakteur.
Ich meine es ernst, sagt die Frau.
Das sehe ich.
Darf ich fragen, wie diese Sache endlich zu Ende ging? fragt der Redakteur.

Endlich zu Ende, gute Formulierung, sagt die Frau.
Also machen wir weiter, lassen Sie's laufen.
Okay.

Als ständiger Begleiter einer der Öffentlichkeit bekannten Frau befiel den Dozenten, der bis dahin in bescheidener Zufriedenheit seine Arbeit an der Universität geleistet hatte, der ungesunde Bazillus von Ehrgeiz und Geltungsdrang. Es drängte ihn in die Politik, noch dazu ins konservative Lager, was für mich, eine überzeugte Sozialdemokratin, eine weitere Unvereinbarkeit bedeutete. Aber schließlich ließ ich ihn gewähren, sahen wir uns dadurch doch seltener, was mir wohltat, und wenn wir beisammen waren, gab es wenigstens neuen Gesprächsstoff und weniger öde Fernsehabende.
Er wurde Teilnehmer des Wahlkampfteams, als es um einen neuen Bundespräsidenten ging. Und dann bot man ihm an, als Organisator bei der damaligen Weltausstellung in Lissabon mitzuarbeiten, er sollte dort ein Kulturprogramm unseres Landes zusammenstellen. Dieses Angebot anzunehmen, war sein Fehler. Oder meine Rettung, wie auch immer.
Natürlich bestand er darauf, daß ich mitwirken sollte, es schien ihm besondere Genugtuung zu bereiten, mich engagieren zu können. Und natürlich sollte der portugiesische Musiker mich begleiten,

als eine Art Brückenschlag zwischen den Ländern, und auch dieses Engagement schien den Dozenten zu befriedigen. Er dachte wohl, daß er als plötzlich ernannter Kulturveranstalter mit extrem hohen Gagen alle privaten Ungereimtheiten zwischen uns dreien ausradieren könne. Daß dadurch die Fronten für immer geklärt seien. Ich seine bevorzugte Diva, der Musiker sein bezahlter Knecht.

Schon die Quinta, in der ich nahe der Stadt mit dem Dozenten Quartier bezog, hatte nichts mit meinen früheren Aufenthalten in Portugal zu tun. Es war eine typisch für reiche Touristen ausgerichtete Idylle, nie hätte der Musiker mit mir so etwas bewohnt, wir bezogen bei unseren Konzerten stets einfache Hotels. Ich fühlte mich in diesem Land, das mir so vertraut geworden war, plötzlich als Fremdling. Diese folkloristische Quinta ärgerte mich nur, und nicht in Begleitung des Musikers zu sein, schmerzte mich.

Aber dann gab es ein Open-Air-Konzert auf einem der damals schönsten Plätze Lissabons, dem »Praça de Figueira«, und wir beide traten mit anderen portugiesischen Musikern auf, es wurde ein wunderschöner und bejubelter Abend. Bei den Fadomelodien sangen die Menschen trotz meiner deutschen Texte auf Portugiesisch mit, es entstand tatsächlich eine Gemeinsamkeit, die mich tief berührte. Der Dozent war überglücklich, daß »seine«

Veranstaltung so erfolgreich verlaufen war, und lud anschließend alle Beteiligten in ein Lokal. Und dort tat er etwas Schreckliches.

Die Frau verbirgt das Gesicht in ihren Händen.
Was denn? fragt der Redakteur erschrocken, was ist passiert?
Die Frau hebt den Kopf.
Etwas Schreckliches für mich, sagt sie, aber weiter.

Der Dozent erhob dort vor allen Leuten, und vor allem vor dem Musiker, das Glas und beteuerte seine Liebe zu mir! Es klang wie ein Heiratsantrag. Mir brach der Schweiß aus vor Scham und Unbehagen. Ich versuchte ihn zu unterbrechen und abzulenken, aber er blieb bei seiner schwülstigen Liebeserklärung. Für ihn schien sich alles glückhaft gefügt zu haben, er und ich, wir zwei, endlich und für ewige Zeiten ein festes Paar! Und das ertrug ich nicht. Alles in mir bäumte sich dagegen auf, gegen diese eigenmächtige, öffentliche Inbesitznahme. Ich mußte diesen Mann auf der Stelle verlassen, ich konnte nicht anders. Obwohl ich wußte, daß ich grausam handelte und ihm damit das Herz brach, kehrte ich an diesem Abend nicht mehr in die Quinta zurück, sondern verbrachte die Nacht mit dem Musiker. Dessen Familie befand sich in diesen Tagen auf Sommerurlaub, er weilte allein in der Stadt und begrüßte meine leidenschaftliche Rückkehr ebenfalls mit Leidenschaft. Wir fanden einander also in einem Hotelzimmer auf stürmische Weise wieder, und es wurde für mich die Heimkehr in mein eigentliches Leben.

Ich blieb länger als geplant in Lissabon, nachdem ich das dem Dozenten telefonisch mitgeteilt hatte. Auf brutale Weise hielt ich mich so kurz, daß er nicht dazu kam, sich zu äußern. Mit dem Taxi vorbeifahrend, sahen wir ihn, gebrochen vor sich hinstarrend, am Praça de Figueira auf den leeren Zuschauerbänken sitzen, die um ihn herum gerade abtransportiert wurden. Es tat mir weh, ihn so zu sehen, und der fühlbare Triumph des Musikers neben mir gefiel mir nicht. Trotzdem war mir bewußt, entronnen zu sein. »Er ist in dein Revier eingebrochen, als ein fremdes Tier, das hätte er nicht tun sollen«, sagte der Musiker und hatte recht damit. Ich ahnte, daß auch unsere Trennung nur aufgeschoben, nicht aufgehoben war, aber wir beide waren jetzt in unserem Revier, wir waren Tiere, die hierher und einander zu gehören schienen. Wir fuhren ans Meer, saßen über dem heranbrausenden Atlantik bei einigen Flaschen Wein und köstlichem Essen. Wir schlenderten durch die nächtliche Stadt, auf den unter Straßenlampen wie Fischhaut schimmernden Pflastersteinen, die es nur in dieser Stadt gibt. Und wir teilten das große

Bett eines Hotelzimmers, von dem aus man über die Dächer bis hin zum Castelo de São Jorge sehen konnte. Ich liebte alles. Ich liebte. Endlich wieder Liebe, und sei sie noch so hoffnungslos, dachte ich, und nicht diese Last trüber Gewöhnung.

Als ich zurückkehrte, sah ich den Dozenten zwar ab und zu wieder, aber seine Kränkung und meine Erleichterung blieben unüberwindlich, wir schafften auch keine Freundschaft.

Eine Pause entsteht.

Ihre Gedanken sind jetzt weit weg, sagt der Redakteur leise, vielleicht zu weit, um sie heute noch einzuholen? Wollen wir aufhören?

Nein, meine Gedanken sind nicht weit weg, antwortet die Frau, sondern dicht bei mir. Ich überprüfe mein eigenes Verhalten. Wie grausam ich sein konnte.

Gerade zimperlich waren Sie in Lissabon nicht, muß ich zugeben, sagt der Redakteur. Aber das Ganze war doch ein Resultat, das Resultat einer langen –

– einer langen falsch gelebten Zeit! fällt ihm die Frau ins Wort. Das ist es ja. Entstehen nicht alle Grausamkeiten daraus? Aus falschem, gefälschtem, sein Eigentliches verratendem Leben? Man wird nicht nur grausam behandelt, man ist selbst auch immer wieder grausam, das darf man nicht vergessen. Meine heutige Erzählung machte es mir neulich bewußt. Da beklage ich mich bei Ihnen unaufhörlich über Verletzungen, die mir bei all diesen Männergeschichten zugefügt wurden, und konnte selbst prima Wunden schlagen.

Gut, dieses eine Mal eben, sagt der Redakteur.

Nein, nicht nur dieses eine Mal, sagt die Frau. Zu allem, was geschieht, gehören immer zwei. Das wurde mir heute wieder blitzklar. So schnell ist man selbstgerecht. So schnell schiebt man die Fehler und Irrtümer einzig und allein dem anderen in die Schuhe. Und nie kann man loslassen. Rechtzeitig loslassen. Das ist das Hauptübel.

Ein Fensterflügel schlägt plötzlich im Wind.

Der Föhn, sagt die Frau, jetzt meldet er sich.

Nur ein Abendhauch, sagt der Redakteur, aber sicher wollen Sie langsam Ruhe haben.

Ja, hören wir für heute auf.

Die Frau läßt sich in die Sofakissen zurückfallen.

Wieso haben Sie eigentlich jeden Tag Zeit? fragt sie.

Weil ich mir jeden Tag Zeit nehme, sagt der Redakteur, und bis auf einen einzigen hatten Sie auch all die Tage bisher Zeit.

Stimmt, sagt die Frau, ich habe zur Zeit Zeit.

Beide schweigen.

Überlegen Sie jetzt bitte nicht zu sehr, warum wohl, sagt die Frau, ich spüre Ihre Gedanken.

Sehen Sie, so weit sind wir beide schon gekommen!

Die Frau lacht.

Auf Wiedersehen, sagt sie.

11

Es gibt eine kleine Erzählung, sagt die Frau, eher eine
flüchtige Skizze, die ich gern einlesen würde!
Sie hat den Redakteur nicht begrüßt, sondern winkt
ihm nur lebhaft mit einem Blatt Papier zu. Wie ein
Kind, denkt der Redakteur, ein Kind, das etwas Über-
raschendes entdeckt hat.
Aber gern, sagt er.
Ich habe ein wenig in meinen Notizen gestöbert, fährt
die Frau fort, und da fiel mir das in die Hände, es paßt,
denke ich, sehr gut zu meinen portugiesischen Ab-
schieden.
Dann aber gleich los, sagt der Redakteur, lesen Sie bitte!
Es gibt keinen Titel, sagt die Frau, wie gesagt, eine
Skizze.

Sie konnte nicht anders. Sie ersuchte ihn, das Auto
auf dem Grasstreifen am Straßenrand zu parken,
stieg aus und wanderte los. Einfach drauflos, über
die flachen baumbestandenen Hügel hinweg, einen
nach dem anderen hinter sich lassend. Auf trocke-
nem Laub und warmem Erdreich war das Dahingehen auch ohne Pfad ein leichtes. Und die Bäume
tanzten um sie her.
Er war ihr nicht gefolgt, und das hatte sie auch
erwartet. Die gemeinsame Fahrt war beendet. Sie
mußte den Weg allein weitergehen, das war ihr,

neben dem düster schweigenden Mann im Auto sitzend, plötzlich zur Gewißheit geworden. Und auch er schien es erwartet zu haben, es gab kein Wort, keine Geste, sie zurückzuhalten. Schon ziemlich weit vom Auto entfernt, hatte sie gehört, daß der Motor wieder angelassen wurde und er weiterfuhr.

Er schien sich also auch nicht zu sorgen, wohin sie ging und ob sie sich in der Weite dieser Landschaft verlieren könne. Sie selbst sorgte sich vorerst auch noch nicht, das Ausschreiten und Atmen tat ihr gut. Die tiefstehende Sonne ließ die geschälten Stämme der Korkeichen dunkelrot und violett aufleuchten, ab und zu fuhr ein flüsternder Windstoß durch die Wipfel, es roch nach Wacholder und Eukalyptus.

Sie liebte dieses Hügelland, seit sie es als junge Frau kennengelernt hatte. Von der Hitze ausgedörrt, bot es sich ihr dennoch dar. Ockerfarbene Wellen bis zum Horizont, auf denen die Bäume schweigend standen. Nirgendwo gibt es Bäume, die in dieser Weise stehen, einfach dastehen! hatte sie immer schon gedacht.

Jetzt setzte sie sich. Sie saß im Schatten einer Korkeiche und lehnte Rücken und Kopf gegen den gehäuteten Stamm. Ihr war, als fühle sie die Wärme seiner entblößten Seele, ähnlich der ihrer eigenen.

Der Redakteur sieht die Frau an.

Das war's, sagt sie. Mehr ist nicht.

Aber das sollten Sie weiterschreiben, sagt der Redakteur, das ist doch der Anfang einer Geschichte.

Die Frau legt das Blatt Papier zur Seite und gießt Tee in die Tassen.

Vielleicht haben Sie recht, sagt sie.

Ich habe recht, glauben Sie mir.

Aber für heute reicht mir dieser Anfang. Nicht jeder Anfang findet seine Fortsetzung, das wissen wir doch.

Die Frau trinkt schluckweise vom Tee und schaut dabei den Redakteur an.

Oder? fragt sie nach.

Ja, wissen wir, sagt der Redakteur. Aber diese Fortsetzung würde mich eben interessieren. Was geschieht mit der Frau, verirrt sie sich, gelangt sie überraschend irgendwohin, wer ist sie überhaupt, wer war der Mann, der einfach davonfuhr, und so weiter.

Tja, sagt die Frau, Fragen über Fragen. Geben Sie mir bitte eine Zigarette.

Gern.

Beide rauchen schweigend. Auch dieser Nachmittag ist sonnig und lau, die Fenster sind geöffnet, und im Garten schwirren Vögel. Etwas entfernt, unter den Bäumen, hört man Sofias Stimme, sie spricht ins Handy. Dann wieder ihr gleichmäßiges Hantieren mit einem Rechen. Sofia kehrt alte Blätter aus der Wiese, sagt die Frau, damit das Gras ungehindert wachsen kann. Wir haben nicht das ganze Herbstlaub geschafft, bevor der Frost kam.

Aha, sagt der Redakteur.

Wollen Sie heute noch etwas von mir hören? fragt die Frau, oder denken Sie immer noch unzufrieden über mein Fragment einer möglichen Geschichte nach?

Ich denke darüber nach, warum Sie wohl dieses Fragment eingeflochten haben, sagt der Redakteur, ob das mit dem Fragmentarischen Ihrer portugiesischen Zeit zu tun hat.

Hat es, lieber Herr Redakteur, Sie haben durchaus richtig gedacht. Als ich, ehe Sie heute kamen, die Skizze fand und las, war für mich plötzlich die Stimmung dieser Zeit präsent.

Hat denn der Musiker Sie so behandelt?

Nein, das ist Fiktion! Der Musiker kann nicht einmal Autofahren, konnte es nie, damals chauffierte immer ich uns holterdipolter mit irgendeinem Leihwagen durch die Gegend. Und nie hätte er mich allein davonrennen lassen, noch dazu in menschenleere Alentejohügel voll wilder Viehherden, dafür war er selbst viel zu panisch, wenn um ihn Natur ausbrach. Einmal kutschierten wir nachts auf Serpentinenstraßen durch ein gebirgiges Gebiet, durch dunkle Pinienwälder, und da kreischte er an meiner Seite wie ein ängstliches Kind: Wir sind in die Dschangel! Das ist eine Dschangel!! Er machte mich so nervös, daß ich selber an einen endlosen Dschungel zu glauben begann, in dem wir uns verirrt hätten, und beide waren wir baß erstaunt, als wir auf einer verkehrsreichen Autoestrada landeten. Oder zum Beispiel die Endlosigkeit des Atlantikstrandes, in der man sich einsam verlieren konnte, sie schreckte ihn fürchterlich. Während sie mich bewog, alle Hüllen fallen zu lassen und mich nackt und frei zu fühlen, stapfte er eisern mit Anzug, Stock und Krawatte neben mir einher oder saß unglücklich und aufrecht im warmen Sand, während ich mich selig in der Sonne räkelte. Er tat das alles aber auch nur in unserer verliebtesten Zeit und mir zuliebe, mit dem Meer konnte er, der Portugiese, nichts anfangen.

Darf ich wieder aufnehmen? fragt der Redakteur. Klingt irgendwie lustig, was Sie von dem Mann erzählen.

Obwohl ich von ihm ja eigentlich nicht mehr viel erzählen wollte! sagt die Frau. Aber – ja, es klingt lustig, und es war auch immer wieder sehr lustig mit ihm. Also gut, nehmen Sie auf.

Meine Freunde meinten in unseren ersten Jahren, ich hätte durch den Musiker das Lachen erlernt. Ja, ich lachte viel in unserer frühen, verliebten Zeit. Über ihn und über seine Geschichten, über sein auf originelle Weise gebrochenes Deutsch, über seine Lebenslust und Sinnesfreude. Und wenn er selbst lachte, klang es wie das wilde Krächzen eines vergnügten Vogels und war ungeheuer ansteckend.

Umso beeindruckender war dann aber seine Intensität und ernsthafte Kraft des Komponierens und Musizierens. Ich erlebte in Portugal einige Aufführungen seiner Kompositionen für großes Orchester oder für kammermusikalische Ensembles. Und immer, wenn ich seine Musik hörte, liebte ich ihn noch herzzerreißender. Ich glaube, vor allem liebte ich seine Musik. Oder auch in seiner Person mein eigenes Erfahren von Musik, er war wirklich der Mensch, der meinem Leben das Musizieren schenkte. Ich habe nie ein Instrument erlernt. Obwohl ich mir als Mädchen glühend Klavierunterricht wünschte, hatten meine Eltern weder Geld für eine Lehrperson noch für ein Klavier. So kam es, daß ich auch das Notenlesen nie erlernte. Aber durch den Musiker erfuhr ich die Qualität meines Gehörs, es fiel mir spielend leicht, Melodien zu erkennen und zu bewahren. Als ich ihn fragte, ob ich mich nicht vielleicht doch musikalisch weiterbilden sollte, schrie er: »Nein, um Gottes willen! Du wirst eine Tausendfüßler, der nicht mehr weiß, wie mit seine tausend Füße er gehen soll! Du kannst alles so, bleib dabei!«

Der Redakteur lacht auf.
Man merkt, daß Sie die Diktion dieses Mannes lange studiert haben.
Ja, sagt die Frau, ich kann ganze Dialoge führen wie

er. In einem meiner Filme hat er als Schauspieler mitgewirkt, und er hat mir versichert, daß er selbst alles
genau so sagen würde, wie ich es im Drehbuch vorgeschlagen hatte. Weil du kennst meine Herz! hat er
damals noch liebevoll hinzugefügt.

Die Frau gießt sich nochmals Tee ein.

Sie auch? fragt sie.

Ich habe ja noch, danke.

Beide trinken.

Herr Redakteur, sagt plötzlich die Frau, ich werde
immer offener in unserem Gespräch, merken Sie das
nicht auch? Ich habe anfangs versucht, ein distanzier-
tes Interview zu führen. Mittlerweile rede ich wie ein
Buch.

Ja, ich merke es, sagt der Redakteur. Sie reden wie ein
Buch, und es könnte auch ein Buch daraus werden.
Was halten Sie davon?

Geschickt eingefädelt! Die Frau lächelt. Jetzt haben
Sie mich dort, wo Sie mich vielleicht von Anfang an
haben wollten!

Ich wollte Sie nirgendwo haben! ruft der Redakteur.
Das wissen Sie! Ich habe Sie zu nichts gedrängt.

Ich weiß, sagt die Frau, es war ein Scherz.

Vogelstimmen dringen aus dem Garten. Die Frau stellt
ihre Teetasse klirrend auf den Teller zurück.

Ich brauche eine Zigarette, sagt sie.

Der Redakteur reicht der Frau die Packung und gibt
ihr Feuer.

Ich habe eben einen Entschluss gefasst, fährt die Frau fort, nachdem sie einen tiefen Zug aus ihrer Zigarette genommen hat. Folgendes, Herr Redakteur: Ich autorisiere jetzt uns beide. Unser Gespräch, diese meine Rückschau – und als solche hat es sich mittlerweile erwiesen – wird, wenn es Ihnen recht ist, ein Buch. Also das von Ihnen angeregte Buch.

Kurz herrscht Schweigen. Der Redakteur und die Frau schauen einander in die Augen, ihre Blicke wägen ab, was da eben gesagt wurde.

Und Sie wünschen es auch wirklich? Dieses gemeinsame Buch? fragt der Redakteur.

Ja.

Dann brauchen wir eigentlich nur weiterzumachen wie bisher.

Die Frau lacht auf.

Genau, sagt sie.

Dann kehre ich einfach in unser vorheriges Gespräch zurück?

So ist es.

Und nehme es wieder auf?

Ja.

Wir waren beim Musiker. Und ich wollte gerade fragen, wieso er in einem Ihrer Filme mitgewirkt hat. War er auch Schauspieler?

Der Musiker hätte durchaus als Schauspieler Furore machen können, auch in dieser Hinsicht war er äußerst begabt. Und Bücher hat er geschrieben. Wie ich hörte, waren es witzige, gute Bücher, aber die konnte ich nie lesen, weil ich seine Sprache nie erlernt habe und sie nicht ins Deutsche übersetzt wurden. Aber sein durch und durch künstlerisches Menschsein war wohl Teil der Faszination, die er auf mich ausgeübt hat. Ich kann es nicht leiden, wenn jemand von sich behauptet, Künstler zu sein, und der Begriff Kunst wird für mein Verständnis viel zu leichtfertig durch die heutige Kulturlandschaft gewirbelt. Aber ein künstlerischer Mensch zu sein und künstlerisch zu leben, das empfand und empfinde ich als tieferen Sinn auch meiner Existenz. Will heißen, Erdenleben durchschaubar zu machen oder zu verwandeln und nicht in den Alltagsstrukturen klebenzubleiben. Dieses in mir ohnehin vorhandene Bestreben verstärkte der Musiker in unserer gemeinsamen Zeit. Seine überbordende Künstlerschaft ließ mich mutiger werden, aus dem reinen Interpretieren der Schauspielerei in meine Eigenkreativität hinüberzuwechseln. Ohne Rücksicht auf Verluste das zu tun, das zu realisieren, was ich als das mir Notwendige empfand. Es hatte meist nichts mit den Befehlen des herrschenden Zeitgeistes zu tun, ich war nie in irgendeiner Szene, in irgendeiner Lobby heimisch, aber ich überlebte trotzdem. Blieb nicht, wie der Dozent es mir indirekt vorgeschlagen hatte, eine, die der Welt abhanden gekommen ist, sondern ich blieb in der Welt. Blieb auch künstlerisch in der Welt. Zwar nie großräumig vermarktet und medial den Konsumenten eingebläut, aber doch erreichte das, was ich tat, Menschen und Öffentlichkeit. Mein erster kleiner Roman, den ich bescheiden »eine Geschichte« nannte, wurde in einer Weise verrissen – übrigens von einer Frau, einer damals mächtigen Kulturjournalistin – daß wohl kaum ein anderer schreibsehnsüchtiger Mensch je wieder ein Buch veröffentlicht hätte. Dieser Verriß war ein Mordversuch. Ich aber ließ mich erstaunlicherweise nicht entmutigen, schrieb und veröffentlichte weiter, und meine Bücher fanden eine treue und relativ große Leserschaft. Bei beidem, bei meinen ersten Büchern und bei meinen ersten, von ihm vertonten Liedern, war der Musiker ermutigend und bestätigend neben mir. Er glaubte an mich. So sehr er mich als Frau langsam wieder fallen ließ, so sehr blieb er von meiner Künstlerschaft überzeugt – obwohl –

Ja? fragt der Redakteur.
Die Frau zuckt leicht mit den Schultern und nimmt einen Schluck Tee.
Nun ja, fährt sie dann fort, obwohl auch bei ihm mit der Zeit eine Art Eifersucht fühlbar wurde, ein oft ag-

gressives Ringen nach Selbstwert. Leider etwas, das ich bei nahezu jedem Mann an meiner Seite irgendwann feststellen mußte. Ich hatte immer den Eindruck, daß ich mich nicht übermäßig wichtig machte, nie auftrumpfen wollte, nie um mein Tun großen Wirbel entfachte, eigentlich weitgehend für mich blieb bei all meinen Arbeiten. Aber dennoch entstanden immer wieder Konkurrenzgefühle, wo ich mir einzig Liebe wünschte, und kaum verhohlene eifersüchtige Ablehnung zerstörte langsam Zuneigung und Vertrauen. Tja – das alte Lied.

Wir haben alle so unser altes Lied, sagt der Redakteur, jeder das seine.

Ja, und es wird langweilig, es immer wieder zu singen. Deshalb – jetzt lieber ein anderes Lied. Nehmen Sie bitte wieder auf?

Okay.

Ich arbeite schon seit vielen Jahren mit einem wunderbaren Gitarristen zusammen. Er ist so alt, wie jetzt meine Tochter wäre, komponiert hervorragend, und auf der Bühne sind wir eine atmende, selbstverständliche Einheit, jedes Konzert mit ihm ist reine Freude für mich. Außerdem haben uns extreme Lebenssituationen in einer Weise verbunden, die eine übliche Zusammenarbeit weit übersteigt. Er entging nach einem schweren Autounfall, den er auf der Heimreise von einem unserer Konzerte erlitt, nur um ein Haar der Querschnittlähmung. Zum Glück aber konnte ich ihn nach relativ kurzer Zeit, die er in der Klinik verbracht hatte, ins gemeinsame Musizieren zurückholen, und unsere Konzerte wurden seine beste Therapie. Er wiederum war mit mir und einigen Musikerfreunden im Tonstudio, als ich die Nachricht vom Tod meiner Tochter erhielt. Wir hatten der Aufnahmen wegen alle Handys abgeschaltet, es wurde an der Tür geklopft, und eine bedauernswerte Freundin war gezwungen, mir diese Mitteilung zu überbringen. Ich weiß nicht mehr, wie ich reagierte und schrie, aber sicher war es für alle Anwesenden grauenvoll. Der Gitarrist und die anderen Musikerfreunde spielten dann beim Begräbnis meiner Tochter. Das vergesse ich nie.

Beide schweigen. Die Frau greift zur Teekanne und das Eingießen in ihre Tasse ist überdeutlich zu hören.
Sie brauchen bei solchen Berichten keinen Kommentar abzugeben, sagt die Frau.
Danke, antwortet der Redakteur.
Beide trinken Tee. Die Sonne steht tief und leuchtet ins Zimmer.
Machen wir noch weiter? fragt der Redakteur.
Jedenfalls nicht mehr heute, für heute möchte ich denn doch Schluß machen.
Klar, sagt der Redakteur.

Als er gegangen ist, tritt die Frau ans Fenster und betrachtet den abendlichen Horizont hinter den Gartenbäumen.

12

Ich bin soweit, sagt der Redakteur.
Schön für Sie, sagt die Frau. Und?
Nun ja – wir sollten vielleicht doch noch Ihre zwei Ehen ein wenig erörtern –
Nein! ruft die Frau. Bitte! Ich habe Ihnen doch schon von meinen Ehen erzählt, jedenfalls zur Genüge.
Aber doch sehr gerafft, diese zwei Männer sind viel zu interessant, um sie in einem Buch nur zu streifen.
Überlassen Sie das bitte mir. Und fragen Sie mal Ihre Katrin, die alles abschreiben muß. Sie wird Ihnen bestätigen, daß meine Aussagen über die zwei völlig genügen.
Die Frau sitzt dem Redakteur mit verschränkten Armen gegenüber und schaut ihn an.
Dieser dunkle Blick, denkt er. Heute ist sie ganz anders als gestern, irgendwie unwillig, was ist los? Aber ich werde darauf nicht eingehen.
Meine Katrin ist mit jedem Ihrer Worte so sehr einverstanden, sagt er, daß es sinnlos wäre, sie nach ihrer Meinung zu fragen. Als ich ihr gestern eröffnen

konnte, daß wir mit unseren Aufnahmen und Texten ein Buch ansteuern, war sie hocherfreut. Wer sich weniger freut, ist die Redaktion der Zeitschrift, denn das Interview habe ich aus dem Programm genommen.

Ein bißchen vorschnell, mein Lieber, sagt die Frau.

Sie steht auf und geht schweigend, aber mit raschen Schritten im Zimmer auf und ab. Heute ist sie schief gewickelt, denkt der Redakteur, ich habe mich zu sehr auf die gestrige Stimmung verlassen. Vielleicht war alles, was sie gestern beschlossen hat, nur die Laune eines sonnigen Nachmittags?

Plötzlich bleibt die Frau stehen und schaut auf ihn hinunter.

Ich weiß nicht, ob ich weitermachen kann, sagt sie, heute nacht wurde mir klar, wie sehr durch das Erinnern meine angeschlagene Seele zum Vorschein kommt. Wie ich vor Ihnen überhaupt viel zu sehr zum Vorschein komme. Ich habe es mühsam erlernt, Verletzungen hinter einer öffentlichen Haltung zu verbergen, ich will jetzt nicht für einen Artikel oder für ein Buch, was auch immer, auf eine von mir ungewollte Weise sichtbar werden.

Wieso ungewollt? Gestern wollten Sie das doch, warum dieser plötzliche Sinneswandel?

Der Redakteur ist laut geworden. Ich komme ja richtig in Rage, denkt er.

Die Frau blickt ihn an, ohne zu antworten, dann setzt sie sich wieder ihm gegenüber auf das Sofa.

Etwas habe ich mir für immer gemerkt, sagt sie, es war, als ich zu meiner ersten Talk-Show nach Bremen flog – Könnten Sie übrigens aufnehmen! unterbricht sie dann.

Ja? fragt der Redakteur überrascht.

Aber ja.

Er drückt so schnell auf die Taste, daß die Frau lächeln muß. Also gut, weiter mit den Geschichten, sagt sie dann.

Es war, nachdem ich mit einem Fernseh-Zweiteiler erste Aufmerksamkeit im gesamten deutschsprachigen Raum erlangt hatte. Die überschaubare Fernsehlandschaft ermöglichte es noch, daß ein Schauspieler nach zwei Abenden so etwas wie »berühmt« sein konnte. Also wurde ich eingeladen, in Bremen einer viel beachteten Talk-Runde beizuwohnen. Der Moderator hieß Wolfgang Menge, ein kluger, rücksichtsloser Mann, vor kurzem starb er, und ich dachte sehr an ihn zurück. Ich saß also im Fernsehstudio, bereit, Fragen offen zu beantworten, und ohne jede Erfahrung, mich zu schützen. Ich weiß heute nicht mehr, wer da noch in der Runde anwesend war, und ich weiß auch nicht mehr, welche Fragen der Moderator so zynisch, sadistisch und entwürdigend stellen konnte, daß sie in der Lage waren, mir alle Fassung zu rauben. Was ich weiß, ist, daß ich sie rettungslos verlor, daß ich stammelte und tränennasse Augen bekam und dabei genau wußte, wie begierig die Kamera das den Zusehern präsentieren würde. Ich schämte mich bis ins Innerste meines Herzens, fühlte mich hilflos und ausgeliefert. Nach der Sendung lief ich rasch davon, lag weinend in meinem Hotelzimmer und wollte nie mehr wieder vor Menschen, nie mehr öffentlich sichtbar sein.

Als ich jedoch am Tag darauf zurückflog, war die Maschine voll von Leuten, die meinen Auftritt gesehen hatten. Auch ein Umstand, der heutzutage, bei dieser Überfülle an Sendern und Talks, undenkbar wäre. Ich merkte bald, daß man mich von vielen Seiten bedauernd musterte. Schon am Gate war eine Frau auf mich zugekommen, mit der Bitte, ich möge verzeihen, daß sie mich anspreche! Und sie äußerte sich wild empört, dieser böswillige Moderator gestern! Ich solle mir ja nichts daraus machen, alle in ihrer Familie hätten so viel Sympathie für mich gehabt, bitte bleiben Sie wie Sie sind usw. Andere Passagiere meldeten sich zu Wort und stimmten ihr zu. Und das ging weiter so, als wir die Maschine bestiegen, als wir saßen, als wir flogen – rundum einhelliges Mitgefühl für mich und wüste Beschimpfungen des ungehobelten Talkmasters. Ich ließ mir diese Sympathiebekundungen natürlich sehr gern gefallen, sie waren Balsam für mein verwundetes Gemüt.

Aber gleichzeitig erhob sich in mir die eiserne Entschlossenheit, mich nie wieder in meinem Leben öffentlich bloßstellen zu lassen. Während ich aus der Luke über besonnte Wolken hinweg ins endlose Blau schaute, gab ich mir Befehle. Nie wieder wird man dich in einem öffentlichen Gespräch, vor Kameras oder auf Bühnen, wo auch immer, kleinkriegen! Diese Souveränität wirst du dir aneignen! Kein Moderator, kein Talkmaster, kein Journalist der Welt wird dich je wieder fassungslos und in Tränen erleben!! Du wirst lernen, deine Ansichten zu formulieren, bösen Fragen zu parieren, unerschütterlich bei deiner Meinung zu bleiben, auf jeden thematischen Fallstrick gefaßt zu sein! Du wirst ab nun deine selbstbewußte Haltung und Gelassenheit keinen Augenblick mehr verlieren, wenn es öffentlich zugeht! Es genügt, daß dir all dies im privaten Umfeld so oft nicht gelingt, daß du dich privat immer wieder kleinmachen läßt, blödsinnig leicht zu verunsichern bist und viel zuviel weinst. Die öffentliche Frau wird das nie mehr zulassen!!!
Und ich habe nach diesem Flug von Bremen heimwärts meine Befehle konsequent befolgt. Ich habe gelernt, mich auszudrücken, in vollständigen Sätzen zu sprechen, ordentlich zu formulieren und in öffentlichen Gesprächen möglichst unangreifbar zu werden. Jeden Fernsehauftritt,

jeden Talk, jedes Interview betrachtete ich als Übungsfeld. Ja, ich übte Öffentlichkeit! Jahrelang ging ich durch diese Schule und gewann mehr und mehr die Sicherheit, dabei auch auf persönliche Weise ehrlich bleiben zu können und keinerlei pompösen Nimbus um mich verbreiten zu müssen.

Nach dem Tod meiner Tochter entwaffnete ich den Voyeurismus der Medien durch Offenheit. Sehr bald nahm ich eine Einladung nach Köln zur damaligen Talk-Sendung von Biolek an. Ich kannte ihn und war mir ziemlich sicher, er würde mich nobel und diskret befragen. Und so war es dann auch. Ich sprach sehr offen mit ihm, aber mir gelang, dabei gefaßt und ruhig zu bleiben. Und vor allem wandte ich mich im Gespräch auch an die vielen Eltern, die ebenfalls Kinder verloren hatten. Durch diese Live-Sendung war der Blick durch das Schlüsselloch zunichte gemacht, ich formulierte Schmerz und Trauer selbst, auf meine Weise. Kein sensationslüsterner Paparazzo war anschließend noch motiviert genug, mir nachzustellen.

Die Frau schaut in den Garten hinaus. Als müsse sie den Schmerz von damals und die Anstrengung ihn zu beherrschen aus dem Zimmer werfen, denkt der Redakteur.

Was zu Verfolgungsjagden, überhaupt zur Jagd auf prominente Menschen führt, ist immer das Verheimlichte. Nicht das Geheimnis, von dem jedes Leben umgeben ist, meine ich damit. Dieses muß man behüten und schützen. Aber als öffentlicher Mensch krampfhaft nichts von sich offenlegen zu wollen, während man auf der anderen Seite sehr wohl mit medialer Aufmerksamkeit zu tun hat, ist eine seltsam gespaltene Haltung. Dessen muß man sich auch im Privaten, im Alltäglichen bewußt sein. Menschen erkennen einen – schauen – grüßen – suchen ein Gespräch. Solches gänzlich abzuwehren erachte ich als inkonsequent.

Stört Sie das nie, wenn Leute schauen oder grüßen? fragt der Redakteur.
Nie, sagt die Frau.
Aber wenn es penetrant wird?
Bei mir wird nichts so schnell penetrant, mein Bekanntheitsgrad hält sich in Grenzen. Und wenn es mal wirklich stört, kann ich das ja auch kundtun. Ich habe keine Angst vor den Menschen. Ich glaube, viele öffentlich bekannte Leute, die Publikum und Quoten suchen und brauchen, haben gleichzeitig Angst vor den Menschen. Ist doch verständlich, oder?
Das sagen gerade Sie! Als Journalist dafür Verständnis zu haben, finde ich einmalig!
Wenn ich's aber trotzdem habe?

Die Frau schaut ihn prüfend an.

Dann ehrt Sie das, sagt sie.

Danke, sagt der Redakteur, aber Sie haben eine echt schlechte Meinung von unserem Job. Nur werfen Sie mich bitte nicht weiterhin unerbittlich in den Topf Ihrer Journalistenskepsis, es gibt auch ganz nette Kerle darunter.

Ja, gibt es, sagt die Frau, mit einem davon unterhalte ich mich jetzt schon seit Tagen. Möchte der vielleicht kalt gewordenen Tee?

Der Redakteur lacht. Warum nicht? Mittlerweile liebt der Kerl kalten Tee.

Verzeihung – soll Sofia uns vielleicht frischen Tee bringen?

Aber! ruft der Redakteur, ich bitte Sie! Das war ein Scherz!

Na dann gut, sagt die Frau.

Sie gießt nach, beide trinken und lassen sich dabei nicht aus den Augen.

Draußen ziehen Wolken auf und verdunkeln die späte Sonne, es ist, als fiele ein schwerer Schatten in das Zimmer.

Die Frau setzt ihre Tasse ab.

Sehen Sie, Herr Redakteur, wie dunkel es plötzlich geworden ist? So ist das mit der Sicht auf das Leben, denke ich mir oft. Sie hängt davon ab, wie wir das Leben beleuchten. Wenn unser Gemüt Dunkelheit auswirft, wird alles, auch das Schöne, zur Finsternis.

Ja, antwortet er, deshalb gibt's auch diesen törichten Satz: Hab Sonne im Herzen! Und manche haben die sogar! Glaube ich wenigstens. Es gibt sicher Menschen mit dieser Sonne im Herzen, mit einem sogenannten sonnigen Gemüt.

Sind Sie etwa so einer? fragt die Frau. Ein Mensch mit einem sonnigen Gemüt?

Oh nein, leider nicht. Ich kämpfe ständig mit den Schatten und bleibe dabei nur selten Sieger. Dazu kommt, daß ich fast mein ganzes Leben lang beruflich mit allzu vielen Menschen zu tun haben mußte – und unsere Spezies, ich meine die Spezies Mensch, ist letztlich unerträglich. Einzelne können ja wunderbar sein, eine Freude! Ein Erlebnis, beglückend, genial, klug, liebenswürdig, berührend, all dies. Aber als Gattung, wie auch immer, sind wir Menschen doch ein hoffnungsloser Fall – wir ruinieren uns und unseren Stern, unaufhaltsam und ohne jede Vernunft – einem Wahnsinn unterworfen, dem wir brave Namen wie Fortschritt oder Zivilisation gegeben haben – wilde Gier, gedankenloses Profitdenken, religiöser Fanatismus, Kriege und Unbildung haben uns in den Klauen – und das läßt sich nicht mehr rückgängig machen. Die Über-Technisierung tut noch das Ihre, wir verkommen vor unseren Computern, an unseren I-Phones zu kommunikationslosen Vollidioten, während weltweit der Analphabetismus wächst und Menschen verhungern – die Scheiße ist mittlerweile unübersehbar und unaufhaltsam, wie soll man dabei auch nur ein kleines bißchen Sonne ins Gemüt kriegen –

Der Redakteur stockt. Er starrt die Frau an, die ihm wortlos zugehört hat.

Was tu ich denn da, sagt er, in was für eine Tirade bin ich da hineingeraten. Entschuldigen Sie bitte!

Nein, nein, sagt die Frau, es ist interessant, von Ihnen und Ihrem Weltekel zu erfahren. Nicht immer nur die zu sein, die redet.

Es geht aber ganz und gar nicht darum, daß ich rede!

Wieviel Empörung in Ihnen schlummert, sagt die Frau, das ahnte ich ja gar nicht!

Die sollte aber hier, in Ihrem Haus, vor Ihnen, auch schlummern bleiben, sagt der Redakteur. Verzeihen Sie mir also diesen Ausbruch.

Warum verzeihen? Wir führen ein Gespräch, und das bedeutet, daß auch Sie zu Wort kommen sollen, nicht immer nur ich.

Zu Wort kommen schon, aber nicht monologisieren.

Die Frau lacht. Das bleibt mir überlassen, verstehe!

Genau, sagt der Redakteur.

Draußen hat das ziehende Gewölk sich wieder geöffnet, spätes Sonnenlicht fällt in den Raum.

Sehen Sie's jetzt? sagt die Frau. So beleuchtet Freude unser Leben! Die leuchtende, aufleuchtende Freude, ich halte mehr von ihr als vom Glück, das wir alle verzweifelt suchen und nie finden. Die Jugend verlangt nach Glück, jeder junge Mensch erwartet, eines Tages das große Glück zu erleben. Die große Liebe, das große Glück. Glauben wir nicht alle, dies stünde uns zu? Und taumeln so von einer Enttäuschung in die nächste.

Aber die Glücksmomente? fragt der Redakteur. Die gibt es doch, die gab es doch auch für Sie.

Natürlich gab es die, antwortet die Frau, ich habe Ihnen ja immer wieder von solchen erzählt. Aber lieber benenne ich sie jetzt als die Momente der Freude, der leuchtenden Lebensfreude. Und diese Freude, die hohe Freude des Herzens, wie ich sie gern etwas hochtrabend nenne, ist zum Glück nicht nur in den Liebesgeschichten zu finden. Sie kann ein Leben begleiten.

Erzählen Sie mir davon? fragt der Redakteur.

Aha, sagt die Frau. Sie würden gern zu dem zurückkehren, weswegen wir hier beisammensitzen, und ihr kleines Gerät wieder laufen lassen, nicht wahr?

Darf ich etwas feststellen?

Ja?

Ich sitze auch ohne aufzunehmen sehr gern hier mit Ihnen beisammen. Es ist mir eine Freude, vielleicht sogar eine hohe Freude des Herzens. Und ich bin dankbar dafür.

Die Frau mustert den Redakteur.

Wie sie mich ansieht, denkt er, war ich jetzt vielleicht zu überschwenglich? Aber es liegt auch etwas nahezu

Liebevolles in diesem Blick, ich glaube nicht, daß ich mich irre.

Ihre Feststellung war sehr schön, sagt die Frau, und ich weiß sie wirklich zu schätzen. Aber nehmen wir jetzt trotzdem wieder auf?

Wenn Sie es wollen, gern, sagt der Redakteur.

Als wir, meine Mutter, meine Schwestern und ich, gegen Kriegsende aufs Land verschickt wurden, weg aus der verwüsteten, immer wieder von Bombenangriffen bedrohten Stadt, da erfuhr ich sie zum ersten Mal, diese meine hohe Freude des Herzens! Da erfuhr ich Ländlichkeit und Natur als ein Wunder, eine Seligkeit, eine alles überwindende Tröstung. Es gab weite Wiesen und tiefe Wälder, es gab Bäche und Teiche und Moore, es gab eine, wie mir schien, unerschöpfliche und vom Menschen unberührte Schönheit, in der ich diesen lieben Gott zu fühlen meinte, von dem alle immer wieder sprachen, zu dem sie in die Kirche liefen. In der Kirche betete ich ihn an, aber zwischen wehenden Bäumen und wildem Gras war er mir nah. Da empfand ich selige Freude, und diese Freude mußte dieser liebe Gott doch wohl sein.

Ja, und so blieb mein Verhältnis zu Glück und Freude beschaffen. Ich lebe nicht umsonst auch heute zwischen Bäumen, ihre Wipfel im Wandel der Jahreszeiten berühren mein Herz, wie wohl kein Liebender es je vermag. Als Mädchen hatte ich eine Linde vor meinem Fenster, ich besang sie in meinen ersten Gedichten, dieser Baum gab mir Halt und Schutz in all den Verwirrungen, die erwachende Weiblichkeit mit sich bringt. Erst spät lernte ich das Meer kennen. Und liebe es, auch ohne mich in ihm schwimmend zu ertüchtigen. Ich will es anschauen, ich will es atmen. Was ich suche, immer wieder suche, ist Natur, die der Mensch weder benützt noch gestaltet, in der Freiheit herrscht. Und wie jede Form der Freiheit in Verbindung mit Pflege und Achtsamkeit. Ich juble deshalb bei jedem flammenden Herbstwald auf, den ich frei und schön vor Augen haben darf, bei jeder blühenden Wiese, bei jedem menschenleeren Strand, bei jedem Blick in die endlose Bläue des Meeres, bei jedem Rauschen des Laubes im Sommerwind, bei jedem Efeublatt über meiner Hauswand.

Das Singen einer Amsel dringt aus dem Garten.
Der Vogel stimmt Ihnen zu, sagt der Redakteur.
Die Frau lächelt und nickt. Sie ist müde, denkt der Redakteur.
Ich bin müde, sagt die Frau.
Ja natürlich, ich gehe für heute! Der Redakteur packt alles eilig in seine Jackentaschen und steht auf.

Auch morgen? fragt die Frau.

Warum denn nicht morgen?

Wochenende!

Ach so. Ist mir egal. Aber was ist mit Ihnen?

Mir auch. Ich habe die Wochenenden nie beachtet, am Theater und für Konzerte, Lesungen, Auftritte jeder Art, sind das meist Arbeitstage.

Zur Zeit nicht?

Nein, zur Zeit nicht.

Dann morgen wieder unser Arbeitstag?

Ja. Und bis morgen habe ich sicher darüber nachgedacht, was noch wesentlich wäre für unser Buch, ich verspreche es.

Sie hat gesagt: unser Buch! denkt der Redakteur, nachdem sie einander die Hand gereicht haben und er zur Tür geht.

Ich habe gesagt: unser Buch! ruft die Frau ihm hinterher.

Hab ich gehört! ruft er zurück. Danke!

13

Ein lauer, aber heftiger Frühlingsregen hat den Trenchcoat des Redakteurs völlig durchnäßt, er muß ihn rasch ausziehen und Sofia übergeben.

Daß es regnet, ist gut für den Garten, sagt Sofia, während sie den Redakteur ins Zimmer geleitet, jetzt wird alles fein wachsen. Der Tee steht schon auf dem Tisch, Sie sollen bitte kurz warten!

Sie geht und schließt die Tür hinter sich.

Der Redakteur setzt sich, bereitet das Aufnahmegerät vor, gießt den heißen Tee in seine Tasse und trinkt dann vorsichtig, mit kleinen Schlucken. Fast fühle ich mich zu Hause hier, denkt er, auf verbotene Weise fühle ich mich fast zu Hause hier.

Fast habe ich mich daran gewöhnt, Sie täglich wiederzusehen, sagt die Frau, als sie ins Zimmer tritt. Ich weiß nicht, ob das richtig ist.

Was ist schon richtig, sagt der Redakteur, und was wissen wir schon.

Da haben Sie recht. Hallo übrigens! Sie reicht dem Redakteur die Hand und setzt sich dann ihm gegenüber auf das Sofa. Sie schauen einander an.

Haben Sie also nachgedacht? fragt der Redakteur, während er ihr Tee eingießt.

Und wie, antwortet die Frau, ich konnte die halbe Nacht nicht schlafen deshalb.

O je, das ist aber nicht so gut!

Macht nichts, war nötig. Hören Sie jetzt lieber das Resultat meiner nächtlichen Überlegungen. Ich möchte mich für unser Buch weiter an Menschen erinnern, die meinem Leben wesentliche Impulse geschenkt haben, an Menschen, die mich inspiriert, belehrt, mir auf den Weg geholfen haben.

Finde ich wunderbar, sagt der Redakteur, nur – wir haben ja schon von einigen gehört –

Ich möchte jetzt die Inspirationen von Liebesgeschichten ein wenig beiseitelassen, sagt die Frau, ich möchte verstärkt von Menschen erzählen, die das berührt und gefördert haben, was mein Tun ausmacht.

Ihr Tun?

Ja, ich nenne meine Arbeit lieber so.

Das merke ich mir, sagt der Redakteur. Ihr Tun also.

Das Rauschen des Regens hat sich verstärkt. Die Frau lehnt sich zurück und schließt die Augen.

Müde? fragt der Redakteur.

Nein, sagt sie, ich warte auf das, womit ich anfangen will. Auf ein erstes Bild.

Aha, sagt der Redakteur.

Sie wartet auf ein Bild, denkt er, nach einem Leben wie dem ihren muß es doch nur so wimmeln davon, haufenweise Bilder, stelle ich mir vor.

Stört das Regenrauschen unsere Aufnahme? fragt die Frau. Ihre Augen sind immer noch geschlossen. Wenn nicht, würde ich jetzt anfangen, sagt sie.

Nein, es stört nicht. Ist Ihr Bild jetzt angekommen?

Spotten Sie nicht, stellen Sie lieber Ihr Gerät an.

Schon geschehen, sagt der Redakteur.

Die Frau richtet sich auf und öffnet ihre Augen.

Mein vierzigster Geburtstag lag knapp hinter mir. Es war ein Abend, den ich allein zu Hause verbrachte.

Ich hatte spielfrei, also keine Vorstellung, meine Tochter übernachtete bei einer Schulfreundin, und mein damaliger Gefährte, der Journalist, war allein unterwegs. Ich trug bequeme Hausklamotten, sah fern oder las. Jedenfalls war ich ungehalten, als an der Gartentür geklingelt wurde. Ich mochte es nie und mag es auch heute nicht, von Besuchern unangemeldet überfallen zu werden. Aufseufzend trat ich an das Fenster, beugte mich ein wenig hinaus und rief: »Ja?« Es war bereits dunkel, ich konnte niemanden erkennen.

»Entschuldigen Sie«, sagte eine weibliche Stimme, »leider habe ich Ihre Telefonnummer nicht dabei, aber ich bin wieder in der Stadt und wollte Sie unbedingt treffen.« »Wer denn?« »Ich – die Angela Praesent – Sie wissen doch noch –« »Klar!« rief ich, »einen Augenblick, ich komme gleich!«

Also zog ich mich rasch um, machte mich ein wenig zurecht, lief hinunter, schloß die Gartentür auf und begrüßte die Frau. Ich hatte sie vor einiger Zeit als Journalistin kennen und schätzen gelernt, sie war wegen eines großen Interviews mit mir, der auch wegen des Selbstmordes ihres Lebensgefährten berühmt-berüchtigten Schauspielerin, angereist. Eine renommierte bundesdeutsche Wochenzeitung hatte sie losgeschickt, sie blieb ganze drei Tage in der Stadt, und unsere langen Gespräche waren mir trotz des medialen Aspekts erstaunlich angenehm gewesen.

Ich konnte bei ihr offen sein, ohne mich ausgehorcht zu fühlen, schnell hatte sie mit ihrer klugen, etwas herben Art mein Vertrauen gewonnen.

Jetzt stand sie mit einer riesigen Umhängetasche über der Lederjacke vor mir, in engen schwarzen Hosen und hochhackigen Stiefeln, ihre brandrote Haarmähne leuchtete unter der Straßenlampe auf. Angela war eine schlanke, fast magere Frau, die trotz ihrer scharf gebogenen Nase und unregelmäßiger Zähne auf extravagante Weise gut aussah.

»Angela, ich freue mich!« sagte ich. Dann wollte ich sie impulsiv auf die Wange küssen, besann mich aber gerade noch rechtzeitig. Ich wußte, wie entschieden sie jede körperliche Berührung vermied. Ihr Zurückzucken bei allen üblichen Begrüßungsritualen, sogar beim Händereichen, hatte mich anfangs ein wenig befremdet, war mir aber im Lauf unserer drei Gesprächstage bald selbstverständlich geworden. Also beschränkte ich mich auch jetzt darauf, sie anzulächeln.

»Gehen wir hinein?« fragte ich.

»Gehen Sie lieber mit mir zum Heurigen?« lautete ihre Gegenfrage.

Und das taten wir dann. In dem einfachen Lokal saßen wir uns an einem Holztisch gegenüber, tranken einige Gläser Wein, aßen Schmalzbrote und gerieten wieder tief ins Gespräch. Irgendwann beschlossen wir, einander zu duzen.

»Schreibst du immer noch Tagebuch?« fragte sie mich.

Bei unseren Interview-Gesprächen hatte Angela damals das große, dunkle Buch wahrgenommen, daneben Tintenfaß und Schreibfedern, und mich danach befragt. Ja, gab ich zu, das sei ein Tagebuch, ich würde nahezu an jedem Morgen den vergangenen Tag notieren. An der Seite meines zweiten Ehemannes, der sich »Poet« nannte, hätte ich vorerst zaghaft damit begonnen, ebenfalls Poetisches handschriftlich in Büchern festzuhalten, eigentlich, um mir zu beweisen, daß ich es auch könne, daß ich selbst vergleichsweise gar keine so üble Poetin sei. Dann aber wäre ich mehr und mehr dazu übergegangen, Gedanken zum Tage und alltägliche Geschehnisse aufzuschreiben, und das sei mittlerweile Teil meines Tagesablaufs geworden. All dies hatte ich ihr erklärt.

»Ja, Angela, ich schreibe immer noch Tagebuch«, antwortete ich also jetzt. Sie sah mich an. »Würdest du Auszüge davon veröffentlichen wollen?« fragte sie. Ich schrie auf und lachte dann. »Um Gottes willen, nein!!« rief ich, »wieso das denn?« Angela war ernst geblieben. »Ich glaube, daß du gut schreibst«, sagte sie, »und in die Taschenbuchreihe mit Frauenliteratur, die ich gerade gegründet habe, würden Tagebuchaufzeichnungen von dir gut hineinpassen.« Ich starrte sie an und begann zu überlegen. »Aber das könnte doch auf jeden Fall nur eine Auswahl sein«, sagte ich, »und wer wählt so etwas Diffiziles aus?« »Ich würde das gern tun«, antwortete Angela, »wenn du mir vertraust und das ganze Material zur Ansicht gibst, würde ich es gerne lektorieren.«

Ich griff nach meinem Weinglas und trank es aus. Die häufigen voyeuristischen Übergriffe der Medien fielen mir ein. Ob es nicht sinnvoll wäre, selbst die Tür zu öffnen, um den gierigen Blick durch das Schlüsselloch zu vermeiden? Mit selbstbestimmter Offenheit sensationslüsterne Neugier zu unterbinden?

»Als Antwort auf spekulative Berichterstattung könnte ich mir dieses Buch vorstellen, Angela«, sagte ich schließlich, »nur würde ich dafür keine Werbung machen. Ginge das denn?«

»Natürlich ginge das, wir könnten es vertraglich so festlegen«, sagte sie, »aber warum eigentlich?«

»Weil ich für meine eigene Offenheit nicht Werbung machen möchte.« Angela sah mich ruhig an. »Versteh' ich!« sagte sie dann.

Die Frau lehnt sich in das Sofa zurück, und ihr Blick schweift zum Fenster, wo von Windböen immer noch Regenfluten gegen die Scheiben geworfen werden. Angela geht mir ab, sagt sie.

Nach einer Weile richtet die Frau sich wieder auf und spricht weiter.

Die Freundin, die sie für mich wurde, geht mir ab. Ich habe Freundinnen und Freunde verloren, das ist so, wenn man älter wird, aber Angela war die Mutter meines Schreibens, sie hat mich so vieles gelehrt, und sie verstand eben immer, woran mir lag, auch wenn es gegen ihre Interessen verstieß. Rauh, unsentimental, oft ein wenig spöttisch, war sie stets auf meiner Seite, wenn es galt, das Meine gegen Widerstände durchzusetzen. Bis zu ihrem Tod hat sie ja alle meine Bücher lektoriert. Fast immer hatte sie mit ihren Korrekturvorschlägen recht, und ich lachte oft auf, weil sie manche stilistischen Verirrungen so humorvoll trocken zu benennen wußte. Aber ab und zu gab es Formulierungen, auf denen ich bestand. Bestehen mußte. Da sagte sie immer: »Okay, es ist dein Buch.«

Aber zurück. Ich hatte Angela nach unserem Heurigenabend also zugesagt, in ihrer Buchreihe zu veröffentlichen. Die Arbeit an dieser Auswahl von Aufzeichnungen aus meinen Tagebüchern gestaltete sich damals für mich recht schwierig. Von »scannen« und »mailen« war zu dieser Zeit noch nicht die Rede, ich mußte vorerst das ganze Material, also einige Bücher, Seite für Seite fotokopieren. Da ich so einen Apparat – damals noch riesengroße Maschinen – natürlich nicht besaß, überließ mein erster Ehemann mir ein solches Ungetüm in seinem Büro.

»Büro« ist wohl nicht ganz das richtige Wort, um die Räume zu beschreiben, in denen er, ein Exzentriker par excellence, zu arbeiten und zeitweise auch zu schlafen pflegte. Angefüllt mit phantastisch anmutenden Kuriositäten waren die Zimmerfluchten in dem alten, herrschaftlichen Stadthaus. Dazwischen vollbeladene Arbeitstische, ein paar Matratzen, ein Trainingsgerät mit schweren Gewichten, vergilbte Seidenblumen, Spiegel in Goldrahmen, Gemälde diverser Stilrichtungen, achtlos gegen Wände gelehnt, und alles umweht vom Patschuliduft, der diesen Mann stets umgab. Sogar später, als ich ihn im Gefängnis besuchte, war danach noch eine Weile sein unverwechselbarer Duft um mich wie ein Gruß.

Verzeihen Sie, daß ich unterbreche, sagt der Redakteur, aber wieso besuchten Sie ihn im Gefängnis?
Sind Sie so jung oder journalistisch so unerfahren? fragt die Frau. Mein erster Ehemann saß lebenslänglich ein, wegen Versicherungsbetruges und angeblichen sechsfachen Mordes. Zwar liegt das schon lange zurück, aber damals erbebte die Nation deswegen, Politiker stürzten, die Medien rasten. Und Sie fragen mich das heute in aller Unschuld?
Nein, nein! Natürlich weiß ich Bescheid! Meine Frage galt Ihnen. Warum Sie ihn im Gefängnis besucht haben?

Die Frau schüttelt leicht den Kopf, während sie den Redakteur mustert. Sie schaut mich an wie ein seltenes Tier, denkt er, wie eines, das sie zuvor noch nie sah.

Warum nicht? erwidert die Frau schließlich, als Vater meiner Tochter und als ein Mann, den ich ehemals liebte, konnte er meiner Solidarität sicher sein, es ging überhaupt nicht anders. Wir sprachen nie über seine Vergehen, über Schuld oder Unschuld. Ohnehin mußte er bezahlen, wofür auch immer, weshalb sollte auch ich Richter sein und nicht ein Freund? Er starb im Gefängnis, bald nach dem Tod unserer gemeinsamen Tochter, das brach ihm das Herz. Aber darüber, Herr Redakteur, wollte ich jetzt eigentlich garnicht sprechen.

Tut mir leid, sagt er.

Es muß Ihnen nicht leid tun, Sie haben mit dem, was geschehen ist, ja nichts zu tun.

Aber ich habe eine blöde Frage gestellt.

Das stimmt. Andererseits – wer tut das nicht.

Was?

Blöde Fragen stellen. Zum Beispiel frage ich Sie jetzt – ob Sie mit Katrin liiert sind.

Mit Katrin? Wie kommen Sie denn darauf?

Weil ich Sie mir schwer als totalen Junggesellen vorstellen kann.

Ich bin kein totaler Junggeselle, aber mit Katrin bin ich nicht liiert. Sie schreibt Ihre Texte ab, unter anderem, und ist eine wunderbare Mitarbeiterin.

Dann lasse ich meine blöden Fragen jetzt auch sofort sein und spreche lieber weiter in Ihr Gerät, ja?
Gern.

Im Büro meines ersten Ehemannes, das er selbst sein »Studio« nannte, verbrachte ich also eine Menge Zeit damit, meine Tagebücher zu kopieren. Wer mir hingebungsvoll dabei half, war der Journalist. Seite um Seite strich ich glatt, er übernahm sorgfältig das geöffnete Buch, legte es auf die Scheibe, preßte den Deckel darüber, betätigte den Einschaltknopf, und mit Geratter und Stöhnen wurde von diesem Monster-Gerät das kopierte Blatt ausgespuckt. Ich nahm das Tagebuch wieder an mich, blätterte um, und so wiederholten wir in endloser Geduld immer wieder denselben Vorgang. Der Journalist, selbst einer, der das Schreiben liebte, war bei diesem Buch-Projekt so enthusiastisch an meiner Seite, als arbeite er an einem eigenen Werk. Jedoch versuchte er niemals, meine Handschrift auf den Blättern, den Inhalt meiner Tagebuchaufzeichnungen heimlich zu entziffern, darauf konnte ich mich verlassen. Mit nobler Diskretion und ohne jede journalistische Neugier war er einzig bestrebt, mir dabei zu helfen, ein Buch zur Welt zu bringen.
Seine Freude an all meinem kreativen Tun war selbstlos und ungeheuer ermutigend, ich vergesse

es ihm nie. In der Zeit unseres Zusammenseins hatte ich auch begonnen, meine ersten eigenen Liedtexte zu schreiben. Der Journalist begleitete mich auf Tourneen, die damals noch nicht vom portugiesischen Musiker bestimmt waren. Ein renommierter österreichischer Geiger, der selbst komponierte und sein Instrument von Jazz bis Klassik einzusetzen verstand, leitete meine ersten Konzerte. Und als ich mich dabei vermehrt auch als Interpretin eigener Lieder präsentierte, befand sich der Journalist im Zuschauerraum oder hinter der Bühne, lauschte aufmerksam, gab mir kleine Hinweise, war aber in der Gänze so angetan von diesem neuen, eigenständigen Weg, daß er mir half, Zweifel und Unsicherheiten zu überwinden. Und auch das vergesse ich ihm nie, denn ich hatte genügend Ursache für beides. In Rezensionen wurden meine Liedtexte anfänglich kritisch beurteilt – entweder ohnehin von meinem zweiten Ehemann verfaßt und mir geschenkt, oder als verfehlte Lyrik abgetan. Ich schreibe Lied-Texte, keine Lyrik!! versuchte ich immer wieder kundzutun, aber es dauerte Jahre, bis meine Lieder als »poetisch und ausdrucksstark« wahrgenommen wurden. Der Journalist war mir bei diesen schwierigen Neuanfängen unverbrüchlich Freund und Gefährte, stets bemüht, mir meine Selbstzweifel auszureden.

Die Frau stockt. Es regnet kaum noch, sagt sie dann.

Aufhören? fragt der Redakteur.

Nein, sagt die Frau, ich habe nur plötzlich sehr intensiv zurückgedacht. Wie der Journalist mir auch dabei half, den anstrengenden Tourneealltag zu bewältigen. Den alten Hund des Schauspielers, der mich damals immer begleitete, rührend liebevoll mit sich herumschleppte, während ich mich im jeweiligen Hotel erschöpft ausruhte und abends auf der jeweiligen Bühne ein Konzert absolvierte. Wie wir beide mit dem Hund in einem Autobus voller Musiker von Ort zu Ort zogen. Wie ich Kraftlosigkeit und Nervositäten bezwingen mußte. Wie ich mich an den Abenden dem Publikum nicht unterwerfen und preisgeben wollte, sondern um meine Selbstbehauptung rang. Und hinterher, im Bett des Hotelzimmers, der alte Hund zwischen uns schlafend, stärkten mich die ermutigenden Worte und Hinweise des Journalisten. Ich bin dem Mann um so vieles dankbarer, als ich ihm zu sagen vermochte. Zwar habe ich ihn im Spital besucht, als er nach Jahren dann doch wieder an Krebs erkrankte und auch daran starb. Ich denke schon, daß ich ihm Freundschaft und Zuneigung noch beweisen konnte, obwohl wir davor durch lange Zeit wenig Kontakt gehabt hatten. Aber habe ich ihm gedankt? Wirklich für das gedankt, was er meinem Leben geschenkt hat? Ich glaube nicht.

Wieder ist es still im Zimmer, nur der Regen flüstert.

Ich denke, er hat es trotzdem gewußt, sagt der Redakteur.

Die Frau seufzt. Machen wir noch ein wenig weiter, ja? sagt sie dann.

Zurück zu den Tagebüchern und zu Angela. Ich konnte ihr also irgendwann den ganzen Packen kopierter Seiten zukommen lassen, und sie konnte lesend einen Großteil meines Lebens ungefiltert erfahren. Ich hatte beim Schreiben nie an eine Veröffentlichung gedacht, stets war es für mich einzig und allein ein niedergeschriebenes Selbst-Gespräch gewesen. Wie ich es übrigens auch heute noch halte und auch wirklich halten kann. Es wird in meinem Leben keine Tagebuch-Veröffentlichung von mir mehr geben, ich habe das verfügt. Meine täglichen Notierungen sind und bleiben ein Dialog mit mir selbst – oder mit all den Gewesenen, die bereits das Zeitliche gesegnet haben – oder eben mit den Göttern, wie ich es gern benenne.

Aber das jetzt nur am Rande.

Angela ließ mich all die Zeit des Lektorierens an ihrer Arbeit teilhaben, ließ mich stets wissen, was sie für das Buch auswählen wollte. Und ihr feiner, stets angenehm sachlicher Umgang damit ersparte mir jedes Unbehagen. Obwohl ich wußte, daß diese Frau mich bis hin zu meinen tiefsten Gedanken und Gefühlen kennenlernen würde wie vor ihr wohl kaum ein anderer Mensch, war mir das bei ihr keine Sekunde peinlich. Und bald konnte ich feststellen, daß ihre Auswahl von Anstand und Feingefühl zeugte, ich konnte nahezu alles bejahen, was sie auswählte. Gleichzeitig war mir aber auch bewußt, daß Angela in gewisser Weise Teil meines Lebens wurde. Und sie blieb das ja auch bis zu ihrem letzten Tag. Immer wieder mit meinem Schreiben konfrontiert, war und blieb sie mir vertrautester Mensch. Das äußerte sich nicht in häufiger Nähe oder in übertriebenen Zuwendungen, nein, wir blieben rauh, unsentimental, aber mit einem alles umfassenden Verständnis füreinander auf geistvoll-heitere Weise befreundet. Auch ihr schulde ich so sehr Dank.

Das Buch wurde ein erstaunlicher Verkaufserfolg und blieb das auch, bis diese Reihe mit Frauenliteratur wieder eingestellt wurde.

Angela selbst fand irgendwann, Frauenliteratur bedürfe keines Ghettos einer »Reihe« mehr, da hätte sich – oh Wunder! – einmal etwas für Frauen durchaus positiv verändert. Frauen finden Verlage, schreiben Bestseller, können selbstbewußte Hardcover-Autorinnen sein und müssen nicht mehr in einer Taschenbuch-Enklave Zuflucht suchen.

Angela verließ den Hamburger Verlag, sie, auch eine begnadete Übersetzerin, vor allem aus dem Amerikanischen, übersiedelte nach Südfrankreich. Computer und Internet machten es mittlerweile möglich, auch von dort aus für Verlage zu arbeiten. Als begeisterte Schwimmerin liebte sie das Meer, sie liebte die französische Lebensart und die Landschaft der Provence.

Angela und ihr Freund, ein Maler, bewohnten vorerst ein altes Steinhaus am höchsten Punkt eines verwinkelten, südfranzösischen Städtchens. Dieses war auf einen Hügel hingelagert, umgeben von Lavendelfeldern, Weingärten und blühenden Wäldchen. Ein paar meiner Bücher wurden dort in Angelas Haus vollendet, ich wohnte während des abschließenden, gemeinsamen Lektorierens meist in einem nahen Hotel. Aber Angela zeigte mir bei solchen Besuchen auch die Stadt Aix au Provence oder fuhr mit mir nach Cassis ans Meer. Dort jagte sie mir zum ersten Mal einen bis heute unvergessenen Schrecken ein, als sie sich schwimmend als Punkt in der Meeresweite verlor und erst nach über einer Stunde als Punkt wieder sichtbar wurde. Etwas Ekstatisches hatte ihr Bezug zum Meer, sie schien im schier endlosen Hinausschwimmen eine Selbstauflösung zu erfahren, nach der sie süchtig geworden war. Ich jedenfalls stand um sie deshalb immer wieder tödliche Ängste aus.

Vor allem, als Angela eines Tages beschloß, dem Meer noch näher zu rücken, und eine Wohnung in Cassis mietete. Die befand sich im Untergeschoß einer geräumigen Villa, auf einer Anhöhe oberhalb der Bucht gelegen und von einem großen, verwilderten Garten umgeben. Auch dort besuchte ich sie des gemeinsamen Arbeitens wegen, saß stundenlang neben Angela vor dem Computer, sie rauchte eine Zigarette nach der anderen, und ich lachte oft Tränen. Das mag seltsam klingen, aber ihre Hinweise, die trotz ihrer Schärfe nie verletzend waren, hatten meist einen unglaublich schnellen und klugen Witz.

Meist blieb ich einige Tage. Abends aßen wir in Restaurants an der Strandpromenade und leerten dabei so manche Flasche guten französischen Weines. Und ab und zu gingen wir tagsüber zum Schwimmen. Was aber leider jedes Mal dazu führte, daß ich sie bald und endlos lange aus den Augen verlor und oft schon erwog, Rettungsboote nach ihr auszuschicken. Wenn sie endlich angeschwommen kam und überschlank wie ein schmales Meerestier aus dem Wasser stieg, sah sie mir die überstandenen Ängste an und lachte. »Was soll mir im Meer denn schon passieren?« Allein diese Frage! Ich schüttelte meist nur kraftlos den Kopf und enthielt mich jeder Antwort.

Einmal fuhr ich mit meiner alten Mutter dorthin. Die hatte eines Tages schwermütig geseufzt: »Ich sehe wohl nie mehr das Meer...«, und das wollte ich nicht gelten lassen. Ich lud sie also ein, mit mir nach Nizza zu fliegen und dann Cassis zu besuchen. Und dort sah sie das Meer! Wir mieteten ein Boot und fuhren durch die sogenannten »Calanques«, eng eingeschnittene Felsbuchten, in denen das Wasser eine besonders tiefe Bläue annahm. Die Mutter, vom Meer gewiegt, ließ ihre Blicke schweifen, von den Steilwänden bis hin zum Horizont, und ich sah ihrem entspannt dem Licht hingegebenen Gesicht an, daß sie glücklich war. Angela ging in diesen Tagen offen und liebenswürdig auf meine Mutter zu, sie ließ all ihre Herbheit beiseite. Was mir wieder bewies, wieviel zartes Feingefühl in ihr war. So zart war es, daß sie es durch Strenge und Abwehr schützen mußte. Aber wem sie vertraute, dem konnte sie Gefühl zeigen. Zwar blieben körperliche Berührungen ihr unangenehm – außer es war das Meer, das sie berührte und umschloß – aber sie konnte berührt sein von dem, was mit dem anderen Menschen, den sie schätzte, geschah. Nie vergesse ich ihr Mitgefühl, als meine Tochter starb.

Die Frau schließt die Augen und lehnt sich zurück.
Sie ist erschöpft, denkt der Redakteur, sie hat so lange gesprochen.
Ich muß für heute Schluß machen, sagt die Frau.

Der Redakteur nickt und beginnt das Aufnahmegerät wegzupacken. Sie haben vieles erzählt, sagt er, ich sehe ihre Freundin Angela vor mir, als würde ich sie kennen.

Sie starb an Krebs, sagt die Frau, wohl auch des ständigen Rauchens wegen. Sie starb schwer. Ich sandte ihr noch einen Karton voll bunter T-Shirts in die Klinik, weil sie am Telefon mit einer von Morphium gezeichneten Stimme erwähnt hatte, wie selten man ihr privates farbiges Zeug wasche und daß sie tagelang die häßlichen, weißen, am Rücken geöffneten Hängekittel tragen müsse. Angela, mit all ihrem Schönheitssinn, was Kleidung betraf, mit ihrer Berührungsangst und Scheu – es tat mir in der Seele weh, sie dem Schweiß, den Gerüchen des Krankseins, der ungeschützten Körperlichkeit ausgeliefert zu wissen. Ihr leiser, kaum noch vernehmbarer Dank für die vielen bunten Hemdchen war das letzte, was ich von ihr hörte. Kurz danach starb sie. Die Frau schweigt.

War wenigstens dieser von Ihnen erwähnte Freund, der Maler, an ihrer Seite? fragt der Redakteur.

Ich weiß nicht. Ich glaube eher nicht. Ich glaube, sie war sehr allein. Immer, und auch im Tode. Ich mochte sie sehr.

Die Frau steht auf. Der Regen hat aufgehört, sagt sie.

Ja, morgen soll es schönes Wetter geben, sagt der Redakteur, es soll recht warm werden, vielleicht könnten wir sogar im Garten sitzen?

Nein, sagt die Frau, wenn ich Vögel höre und Blätter sich um mich regen und bewegen, bin ich ganz und gar in der Gegenwart festgehalten, da erinnere ich mich an nichts, da spüre ich nur. Ich schreibe auch nie im Freien. Und als Schauspielerin haßte ich Freilicht-Theater. Zum Erfinden und Erinnern, zu allem also, was Bilder und Situationen in mir entstehen lassen soll, brauche ich Innenräume, tut mir leid.

Gut, gut, antwortet der Redakteur, war nur so eine Idee, morgen also gern wieder hier, same place, same station!

14

Über dem Dach wölbt sich in reinem Blau ein wolkenloser Himmel, der Redakteur läutet an der Haustür. Nach einer Weile hört er diesen leichten Schritt, den er zu kennen meint. Macht sie selbst mir auf? denkt er. Staunen Sie nicht so, sagt die Frau, heute ist Sofia nicht da. Ich habe uns schon Tee vorbereitet, kommen Sie herein. Die Fenster sind alle weit offen, wie Sie sehen, also können Sie den herrlichen Tag trotzdem ein bißchen spüren. Tut mir leid, daß ich Sie nicht in den Garten bitten will.

Hauptsache, gnädige Frau bitten mich überhaupt herein, antwortet der Redakteur.

Die Frau winkt ab, als verscheuche sie eine lästige Fliege. Bitte keinen Schmus, sagt sie, auch nicht, wenn es witzig gemeint sein soll. Bei so was bin ich furchtbar humorlos.

Laß ich gern bleiben, antwortet der Redakteur.

Sie sitzen einander wieder gegenüber, das kleine Aufnahmegerät zwischen ihnen postiert, und wie an jedem Nachmittag trinken beide Tee. Sonnenwärme dringt ins Zimmer, in den Gartenbäumen schwirren und zwitschern die Vögel.

Wen besuchen wir heute? fragt der Redakteur.

Die Frau nickt versonnen, die Teetasse in beiden Händen. Ja, es sind Besuche, sagt sie, da haben Sie recht. Nach einem langen Leben wie dem meinen ist Vergangenheit kaum chronologisch aufzurollen, da sich so manches überschnitt und berührte, und man so manches vergaß. Aber wenn Menschen meine Erinnerung betreten, ziehen sie mich ganz nah an sich heran. Dann besuche ich sie und gleichzeitig die uns gemeinsame Vergangenheit.

Und wen heute?

Ich sehe, Sie wollen weiterarbeiten.

Keineswegs, ich trinke auch gern weiter Tee und schaue in den Garten hinaus.

Blablabla, sagt die Frau und setzt ihre Tasse ab. Mir fiel heute, ehe Sie kamen, sehr unvermittelt die Psychotherapeutin ein, die mir nicht gerade das Leben gerettet, aber an entscheidender Stelle den Weg gewiesen hat, lebendig am Leben zu bleiben. Von ihr möchte ich erzählen.

Soll ich einschalten?

Ja.

Nach der Geburt meiner Tochter kam ich nicht richtig zu Kräften. Die Magersucht meiner Mädchenzeit schien mich auf andere Weise wieder überfallen zu haben, ich aß zwar, aber nahm nicht zu. Man verordnete mir dunkles Bier mit hineingequirltem Eidotter, am Morgen Grießbrei, aber all diese Versuche einer Mastkur halfen nichts. Ich blieb zu mager. Am Theater fiel meine Schwäche auf, und ich wurde, trotz erster Erfolge, kaum noch beschäftigt.

Da gab es also diesen plötzlichen beruflichen Rückschritt, der mich tief deprimierte. Da lebte ein kleines Menschenwesen an meiner Seite, dem ich all meine Verantwortlichkeit und Liebe schenkte und das ich trotzdem nur schwer mit einem eigenständigen, freien Leben in Verbindung bringen konnte, ich war nie eine im herkömmlichen Sinn mütterliche Frau. Und der Vater dieses Kindes war Alkoholiker und schlug mich. Kein Wunder also, daß langsam auch meine verstörte Seele in diesem abgemagerten Körper sichtbar wurde. Eine Cousine, um einiges älter als ich und Ärztin, bestand schließlich eisern auf einer Therapie, die ich in

Anspruch nehmen sollte. Betrüblich ist, daß diese kluge, schöne Frau, die ich sehr mochte, einige Jahre später an einer sich qualvoll auflösenden Ehe und der daraus resultierenden Drogenabhängigkeit zugrunde gehen sollte. Sie starb bei einem Autounfall, den sie, vollgepumpt mit Suchtmitteln, selbst verursacht hatte. Aber mir half sie weiterzuleben, indem sie mich überreden konnte, eine Psychotherapeutin aufzusuchen. Und zwar nicht irgendeine, sondern eben genau diese.

Frau Doktor Ida Cermak wurde für lange Jahre meine Gesprächspartnerin. Anfangs besuchte ich sie noch in der Klinik, aber sie gab bald danach die Spitalsarbeit auf und empfing ihre Klienten bei sich zu Hause. Ida Cermak hatte ganz früh, in jungen Jahren, eine Doktorarbeit über Eßstörungen, also Annorexie und Bulimie, geschrieben, sie war wohl eine der ersten, die sich diesem Thema annäherte. Und sie verfaßte Bücher, die man nicht nur in Fachkreisen las – eines hieß: »Ich klage nicht«, ein Titel, der mich bewegte. Sie war also eine in ihrem Metier durchaus bekannte, erfolgreiche Frau.

Deshalb erstaunte mich bei meinem ersten Besuch das Haus, in dem sie lebte. Eigentlich war es ein fast armselig wirkender Bungalow, von einer winzigen Gartenfläche umgeben, die nur mit wenigen kargen Büschen bepflanzt war. Wenn man geklingelt hatte, öffnete sie selbst die Tür. Dann ersuchte sie, lächelnd, aber bestimmt, man möge mit den Straßenschuhen in riesige Filzpantoffeln schlüpfen. Da ich immer sehr früh kam, hatte sie meist noch eine andere Therapiestunde zu beenden, und ich mußte warten. Da saß ich dann fröstelnd in einem klammen und engen Zimmerchen, bis der andere Patient zur Tür geleitet und ich hereingebeten wurde. Anfangs, wenn ich ihr mit den Pantoffeln hinterherschlurfte, mußte ich ein Auflachen unterdrücken, weil es mir so komisch vorkam. Daß sie auf diese Weise ihren Linoleumboden blankputzen ließ, war das einzige Motiv, welches mir für den Gebrauch dieser Filzlatschen einfiel, und es blieb mir ebenso unverständlich wie das gesamte ungeheizte und häßliche Haus.

Aber kaum saß ich der Frau an ihrem Schreibtisch gegenüber, vergaß ich das unbehagliche Entrée. Dieser Raum war warm und gemütlich, mit einer Bücherwand, einigen gerahmten Fotografien und Farbdrucken und einem typischen Freud-Sofa, das wir nie benutzten, ausgestattet. Am eindrucksvollsten aber war das große Fenster, vor dem sie während unserer Gespräche saß. So kärglich auch die Vorderseite des Gartens wirkte, hier füllten üppige Sträucher die Glasfront und umgaben so die mir zugewandte Frau. Und so schrullig diese auch außerhalb dieses Zimmers erscheinen mochte, hier drang mir aus ihren Augen, die von überraschend leuchtendem Blau waren, eine tiefe Ruhe, ein tiefes Verständnis entgegen. Und auch das seltsam hoch am Kopfe, über dem Scheitel geknotete Haar wirkte hier nicht mehr lächerlich. Sie trug stets weiße Blusen mit einer unter dem Kinn gebundenen Schleife, und dazu sommers und winters eine graue Strickjacke.

Ehe alles, was diese Frau ausmachte, mir so selbstverständlich geworden war, daß ich es nicht mehr beachtete, hatte ich mir einige Male gedacht: Sie ist eigentlich selbst ziemlich verschroben, ja fast ein bißchen verrückt – und hinzugefügt: aber vielleicht muß man das sein, um die Verrücktheiten anderer zu durchschauen? Um eine verwirrte Seele zu verstehen?

Und sie verstand. Verstand meine verwirrte Seele. Sie half mir, als Frau seelisch und körperlich nicht aus der Bahn geworfen zu werden. Nicht die Ausflucht in Bosheit und Hinterhalt zu wählen, sondern, wenn schon, offenen Herzens zu leiden. Unter ihrer Anleitung wurde ich mir meiner Weiblichkeit auch auf kritische Weise bewußt, sah ich mein Frausein nicht mehr nur im Sog von Verletzungen und Anklage. Ich erkannte, daß es eine unbewußte Bereitwilligkeit gibt, sich verletzen und unglücklich machen zu lassen. Daß man selbst es sehr oft zuläßt, Ziel zu werden für Pfeil und Schwert, indem man die eigene Opferhaltung hochstilisiert, statt wehrhaft zu bleiben. Ja, wehrhaft. Was immer und immer wieder bedeutet: bei sich zu bleiben.

Eine Pause entsteht.

Nicht mehr weiter? fragt der Redakteur.

Doch, doch, sagt die Frau, ich lausche nur gerade meinen eigenen Worten hinterher. Frage mich, ob ich diese Belehrungen auch je wirklich befolgt habe. Ich habe sie verstanden, mir bewußt gemacht und nie mehr vergessen, das schon. Aber wirklich danach leben, konnte ich das je?

Der Redakteur zögert und betrachtet die Frau.

Sie meinen, fragt er dann, daß Sie sich trotzdem immer wieder verletzbar gemacht haben? Also zum Ziel für Pfeil und Schwert – um Ihre Worte zu benutzen?

Ja, genau, antwortet die Frau.

Die tieferstehende Nachmittagssonne fällt weit ins Zimmer, bis zu den Sofas hin.

Aber was man weiß, weiß man, fährt die Frau fort, auch wenn man das eigene Wissen nicht wirklich umsetzen kann, ist es von Vorteil, denke ich, wissend mit sich selbst konfrontiert zu bleiben. Du bist wieder mal ein Trottel, kann ich mir immerhin sagen, wenn ich mich trottelhaft verhalte. Das ist doch was!

So gesehen ja, antwortet der Redakteur, ich wünschte, daß mehr Menschen mit dieser Fähigkeit zur Selbsterkenntnis ausgestattet wären.

Haben Sie sich eigentlich auch schon mal selbsterkennend unter die Lupe genommen? Sich darüber Gedanken gemacht, was Männlichkeit alles bedeuten kann? Ich spreche jetzt gar nicht von unserer patriarchalisch dominierten Welt, nicht von Fundamentalismen, Gewaltexplosionen, dem Machtwahn, der stets zum Wahnsinn führt – nein, ich meine jetzt den sogenannten normalen Mann, wie Sie zum Beispiel einer sind –

Der Redakteur lacht auf. Sie halten mich also für einen sogenannten normalen Mann? fragt er.

Ja, sagt die Frau.

Und was ist für Sie ein normaler Mann?

Einer, der so ist wie Sie.

Aha, sagt der Redakteur.

Beide schauen einander an, und ein Lächeln entsteht.

Ich glaube, das müßten Sie eines Tages genauer überprüfen, sagt der Redakteur.

Wollen wir rauchen? fragt die Frau.

Sie lenken zwar ab, aber ja, rauchen wir, sagt er.

Ich glaube, ich bin rot geworden, denkt die Frau, warum eigentlich, aber in der Abendsonne verspielt sich das.

Der Redakteur hat Feuer gereicht, beide haben sich in ihre Sofas zurückgelehnt, und ein zarter Schleier aus Zigarettenrauch schwebt zwischen ihnen. Eine Amsel beginnt vor dem offenen Fenster zu singen, ihre Stimme erfüllt den Raum.

Wer so jubeln könnte, sagt die Frau.

Und so Grund dazu hätte, sagt der Redakteur.

Nein, grundlos, antwortet sie, einfach so!

Der Redakteur lacht. Sehen Sie, sagt er, da haben wir's! Weibliche und männliche Sicht! Die Frau will dem Leben einfach zujubeln, und der Mann sucht einen Grund dafür.

Die Frau ist ernst geblieben.

Wollen denn nicht beide beides? fragt sie.

Okay, sagt der Redakteur, dieser Schlußfolgerung stimme ich sehr gern zu.

Fein, sagt die Frau und dämpft ihre Zigarette aus. Aber machen wir jetzt weiter, Frau Doktor Cermak wartet.

Durch viele Jahre besuchte ich also immer wieder diese Frau in ihrem stillen Zimmer. Vor ihren ruhigen, blauen Augen konnte ich jegliches offenbaren. Es waren keine regelmäßigen Besuche, ich arbeitete mittlerweile wieder viel am Theater und war oft zu Dreharbeiten unterwegs. Aber sie ermöglichte mir unter anderem, das Suchtverhalten meines ersten Ehemannes, und später vor allem das des Schauspielers, zu erkennen und richtig zu beurteilen. Wie wenig man auch als liebender Begleiter ausrichten kann, wenn der Süchtige sich nicht selbst retten will. Doch wenn er es will, dann kann man zur Stelle sein! Nur dann, und nur das. Sie half mir, diese Männer einzuschätzen, zu ertragen und mich selbst zu retten. Die Therapeutin Ida Cermak arbeitete mit Hilfe der Träume, und ich wurde eine begeisterte Erforscherin dieses anderen Teiles unseres Daseins. Der Einfallsreichtum und die unbeirrbare Genauigkeit unseres Träumens faszinierten mich. Ich lernte, die Traumbilder nach dem Erwachen festzuhalten und später ausführlich zu notieren. Und die Frau hörte merkbar gern zu, wenn ich ihr das Niedergeschriebene vorlas. Sie mochte, wie ich schrieb. Und sie wußte, daß ich gern schrieb.

Wenn ich vor ihren Augen im Lauf der Jahre mehr und mehr den Umstand beklagte, »nur« Schauspielerin sein zu müssen, verstand sie mein Ungenügen. Und reagierte kein einziges Mal so irritiert wie nahezu alle Menschen meines Umfeldes, die der Meinung waren, meine Abwendung vom Schauspielerberuf, diese tiefe Unlust am Theaterspielen hätte mit einer neuen Ästhetik oder dem neuen Direktor oder mit meinem Älterwerden zu tun. Ida Cermak war der erste Mensch, der mir sagte: »Sie werden schreiben!« Und sie sagte es so entschieden, mit solcher Bestimmtheit, als gäbe es für sie daran keinen Zweifel. Ich selbst war es, die ihre Worte bezweifelte, obwohl ich sie so gern geglaubt hätte. «Sie werden sehen«, fügte sie noch hinzu, »eines Tages werden Sie Bücher schreiben.« Natürlich fiel mir das später immer wieder ein. Bei jedem Buch, das erschien, dachte ich an sie.

Und gern wäre ich wieder zu ihrem unwirtlichen Bungalow gefahren, um ihr ein erstes Exemplar zu überreichen und dann ihr Urteil zu hören, nachdem sie es gelesen hätte. Aber leider sah und las sie keines meiner Bücher. Ida Cermak starb, ehe ich zu veröffentlichen begann.

Schatten erfüllt plötzlich das Zimmer, weil die Sonne hinter den Bäumen verschwindet.
Hat Sie das sehr getroffen? fragt der Redakteur leise.
Ich mache jetzt lieber weiter, ja? sagt die Frau.

Ida Cermak rief mich eines Tages an und sagte mit einer klaren und ruhigen Stimme, daß wir unsere Sitzungen beenden müßten. »Warum?« fragte ich entgeistert. »Weil ich krank bin und nicht mehr lange zu leben habe«, antwortete sie. Ich konnte kein Wort hervorbringen, war wie gelähmt von dieser Nachricht. Aber sie fügte hinzu – und mir schien, obwohl ich sie ja nicht sehen konnte, nur ihre Stimme hören, als lächle sie dabei: «Keine Angst, meine Liebe, Sie brauchen mich jetzt nicht mehr. Sie schaffen es ab nun allein. Leben Sie wohl.»
Und ich fühlte sofort, daß sie recht hatte. Es tat mir weh, und ich weinte, ja. Ich wußte, wie sehr dieser Zufluchtsort mir fehlen würde, dieses Wissen um einen Menschen, vor dem ich ohne

Vorbehalt sprechen und mich erklären konnte. Sogar ihre Filzpantoffeln und der häßliche Linoleumboden fehlten mir, weil beides mich stets zu Ida Cermaks menschlicher Wärme und unbeirrbarem Verständnis hingeführt hatte. Trotzdem fühlte ich sofort, daß sie recht hatte. Daß ich jetzt in gewisser Weise flügge geworden war. Also alleine die Flügel ausbreiten und weiterfliegen mußte. Ohne dieser Frau zu genau dieser Zeit und für die Dauer genau dieser Jahre begegnet zu sein, hätte ich so manches Zukünftige nicht ertragen und überleben können.

Die Frau trinkt mit Heftigkeit den Rest kalten Tees. Klirrend stellt sie die Tasse zurück, nimmt dann eine Serviette und drückt sie gegen ihre Augen.
Blöd, mir ist zum Heulen, sagt sie.
Nicht blöd, antwortet der Redakteur, sondern sehr verständlich.
So viele sind gegangen, sagt die Frau. Aber man erlernt das Vermissen. Man lebt weiter.
Aber vermisst man nicht auch weiter?
Wie ich sagte: Man lernt damit zu leben.
Der Redakteur beugt sich nach vor und sucht den Blick der Frau.
Begehren Sie denn niemals auf? fragt er.
Ich weiß es nicht, sagt die Frau.
Sie wissen es nicht?

Der Redakteur steht unvermittelt auf. Er tritt an das Fenster und schaut in den Garten hinaus. Dann wendet er sich wieder ins Zimmer zurück.

Wissen Sie, sagt er, mein jüngerer Bruder ist vor zwei Jahren gestorben, und ich habe bis heute nicht gelernt, dieses Vermissen zu ertragen. Ich begehre auf, ich gebe es zu! Ich bin wütend, immer wieder! Ich frage mich, warum das sein mußte, mein Bruder war ein so lebensvoller, ein so strahlender Mensch, erfüllt von Herzensgüte und Liebe, ein viel besserer Mensch, als ich es bin! Warum mußte er sterben, und warum lebe ich?

Ich kenne alle diese Fragen, sagt die Frau.

Der Redakteur kehrt rasch vom Fenster zurück.

Bitte entschuldigen Sie, sagt er, mich gerade bei Ihnen über einen Verlust zu beklagen! Seien Sie mir bitte nicht böse.

Ich bin Ihnen nicht böse, antwortet die Frau, setzen Sie sich wieder hin. Sie mußten klagen, beklagen, ich verstehe das. Ich tue mir vielleicht schwer mit dem Aufbegehren, aber nicht mit der Klage. Die muß sein, immer wieder.

Der Redakteur seufzt. Trotzdem, ich bin ein Idiot!

Also gut, wenn Sie darauf bestehen, sagt die Frau.

Ich danke Ihnen für Ihr Lächeln, antwortet der Redakteur, und werde mich für heute verabschieden, wenn es Ihnen recht ist.

Es ist mir recht. Ich begleite Sie an die Tür.

Wie wunderbar lau es heute ist, sagt der Redakteur.

Ja, ich werde noch ein wenig unter den Bäumen verweilen, sagt die Frau, und dort die Dämmerung erwarten.

Klingt wie aus einem Tschechow-Stück.

Ich habe Tschechow sehr gern gespielt. Noch lieber Gorki.

Ich weiß. Bis morgen, werte Jelena Nikolajewna.

Sie haben die Aufführung gesehen?

Ich bin nicht so ein Banause, wie Sie vielleicht annehmen.

Ich nehme garnichts an. Adieu.

15

Welches Bild erwartet mich heute? fragt der Redakteur.

Er sitzt der Frau gegenüber, wieder bei heller Nachmittagssonne, die durch die geöffneten Fenster in das Zimmer fällt.

Sie mit Ihrem Spott! sagt sie. Ich bin nachts wieder lange wachgelegen und habe überlegt. Viele Menschen berührten oder begleiteten ein so langes Leben wie das meine. Aber mir geht es, wie gesagt, vorrangig darum, inwieweit eine Begegnung eben auch Anstoß wurde, bei mir etwas in Bewegung gebracht hat. Ist Ihnen der Name Helmut Käutner ein Begriff?

Ich weiß nicht so recht. Eigentlich nein –

Eben, Sie sind zu jung. Und haben nie alte oder ältere Filme gesehen, stimmt's?

Hat der Mann etwas mit dem Kino zu tun?

Das kann man wohl sagen. Er war in der Vorkriegszeit ein ganz wesentlicher Filmregisseur, hat dem Kino künstlerische Impulse gegeben und sich auch in der Nazizeit nicht korrumpieren lassen. Sein 1944 gedrehter Film »Große Freiheit Nr. 7« wurde zensuriert und verboten, aber nach Kriegsende auch als Dokument der Unerschrockenheit erfolgreich gezeigt.

Ich glaube, jetzt erinnere ich mich vage, sagt der Redakteur, war er nicht auch Schauspieler?

Auch, ja.

Und was hat oder hatte er mit Ihnen zu tun?

Läuft die Aufnahme?

Jetzt ja. Bitte.

Als meine Tochter etwa drei Jahre alt war und ich mich von ihrem Vater noch nicht getrennt hatte, beschloß dieser einen gemeinsamen Sommerurlaub auf der griechischen Insel Mykonos. Er hatte dort schon vor längerer Zeit ein Haus gemietet, war nach Griechenland vorausgereist und erwartete uns in Athen. Der Flug dorthin war mein erster, und ich fürchtete mich unsäglich. Man stelle sich vor, daß ich als erwachsene Frau von sechsundzwanzig Jahren noch nie zuvor in einem Flugzeug gesessen bin! Ich konnte in der Nacht vor unserer Abreise kaum schlafen vor Angst und mußte mit aller Kraft darum ringen, mich meinem Kind gegenüber möglichst furchtlos zu zeigen. Was aber gleich nach unserem Abflug ausgezeichnet gelang, weil wir bis Athen die Welt herrlich besonnt unter uns liegen sahen und die Maschine vollkommen ruhig durch den wolkenlosen Himmel glitt. Es wurde für mich einer dieser Flüge, die einen tatsächlich auf überirdische Weise erheben können, herauf und hinweg aus den Wirrnissen und Dunkelheiten des Lebens. Wir landeten beglückt, mein erster Ehemann erschien pünktlich am Flughafen und empfing uns auch einigermaßen erfreut. Wir verbrachten eine Nacht im luxuriösen und teuren Hotel »King George« und aßen auf einer Terrasse zu Abend, mit Blick über das nächtliche Athen bis hin zur beleuchteten Akropolis. Meine kleine Tochter, zwar sichtlich todmüde, blieb tapfer an unserer Seite und genoß die Anwesenheit und heitere Nähe ihres Vaters, den sie heiß liebte, aber nur selten zu Gesicht bekam. Zufrieden schlief sie später zwischen Mutter und Vater auf dem riesigen Luxus-Doppelbett ein, auch ein Geschehen, das sie selten bis nie erfuhr.

Tags darauf nahmen wir das Fährschiff nach Mykonos.

Diese Insel war damals ein noch unberührtes Wunder, felsiges Hochland wild aufragend und vom leuchtenden Kobaltblau des Meeres umschlossen. Als der Hafen sich näherte, bestaunten meine Tochter und ich schneeweiß gekalkte Häuser und Gassen und darüber einige Kuppeln in Hellblau und Rosa, wie ein Märchen erschien uns dieser Ort.

Auch das vom Kindesvater gemietete Haus wirkte anfangs märchenhaft. Es lag, als ein ebenfalls blendend weißer Würfel, auf einer Anhöhe außerhalb des Ortes Mykonos und direkt über dem felsigen Ufer. Wenn man die Läden öffnete, waren die Fenster vom tiefen Blau des Meeres erfüllt, und das Rauschen und Anbranden der Wogen war ständig zu hören. Wir waren begeistert.

Erst später wurde mir das immer wiederkehrende, verzweifelte Quieken von Schweinen bewußt, die unterhalb unseres Hauses, dicht am Fels, in einer Schlächterei getötet wurden. Immer wieder sahen wir, wie ihr Blut das Meer rot färbte. Wenn das der Fall war, schloß ich rasch die Fenster und versuchte meine Tochter möglichst davon abzulenken. Der Kindesvater hingegen kommentierte mein Entsetzen mit theoretischen Hinweisen zu den Methoden des Schlachtens, da er dies in früher Jugend als Bauernknecht ja auch immer wieder habe tun müssen. Er meinte, die Griechen da unten werkelten unbedacht und grausam mit den Schweinen herum, er selbst sei, obwohl fast noch ein Kind, leidenschaftlich darum bemüht gewesen, möglichst rasche und dadurch schmerzlosere Todesarten für das zu schlachtende Vieh zu erfinden. Ich wußte von dieser traumatischen Erfahrung, die ihm das Kriegsende und die Nachkriegszeit beschert hatten. Ich wußte, wie sehr auch dieser frühe Zwang, Tiere töten zu müssen, die er in den Ställen und auf der Weide liebgewonnen hatte, seine kindliche Zartheit und Verletzlichkeit später in betont männliches Gehabe verwandelt hatte. Immer wieder kamen, wenn er trank, die unverändert quälenden Erinnerungen daran hoch, oft brach er deshalb jetzt noch, meist besoffen, in Tränen aus. Aber obwohl ich als aufmerksame Geliebte und Ehefrau die seiner Kinderseele zugefügten Wunden erahnte, mochte ich hier seine gewaltsam sachlichen Ausführungen über alle Arten des Schlachtens nicht gern anhören. Ich drang darauf, den Todesschreien der Tiere möglichst zu entrinnen und das Haus in den Arbeitsstunden der Schlächter lieber zu verlassen.

Es gab einen idyllischen Strand, den wir auf felsigen Pfaden zu Fuß erreichen konnten. Eine einzige Imbiß-Hütte und einige Liegestühle, sonst nichts. Ich lag mit einem Glas Ouzo in der Sonne, das fast schwarzblaue griechische Meer vor Augen, beobachtete meine kleine Tochter, die im Sand spielte, und manchmal schwammen wir auch. Ich fand es schön so, aber dem Kindesvater wurde dieses stille, gedankenlose Genießen rasch langweilig. Oft ließ er uns deshalb allein. Oft auch abends und nachts, wenn der Meerwind um unser Haus heulte, die Kleine schlief, ich unter einer Glühbirne las oder mich im Dunkeln auf meinem Lager verlassen fühlte. Er durchstreifte die Lokale des Städtchens, nehme ich an, trank und ließ sich auf Gespräche ein. Mehr wollte ich mir nicht vorstellen. Daß es auch auf dieser Insel bereitwillige Frauen gab, war mir schon klar, aber ich hatte in der Zeit meiner jungen Ehe mittlerweile so viel Betrug und Enttäuschungen erleben und überleben müssen, daß ich aufgehört hatte, darüber nachzudenken, was mein Mann als Mann so trieb.

Eines Tages bugsierte er mich und die Kleine in eines der wenigen Taxis, die es auf der Insel gab, und fuhr mit uns an ein entfernteres Ufer. »Da gibt's Schauspieler«, teilte er mir mit, »ich glaub, recht berühmte, das ist doch was für dich, oder? Ich hab die unlängst im Ort kennengelernt, sie wohnen auch in einem gemieteten Haus, ziemlich einsam.« Mir war es unangenehm, diese Menschen aufzusuchen, nur weil wir denselben Beruf ausübten. Außerdem nannte der Kindesvater mir zwei tatsächlich sehr berühmte Namen, beides noch recht junge Männer, die auf der Bühne und im Fernsehen glänzend Karriere gemacht hatten. Ich aber, mit nichts vorzuweisen als nur einigen Theaterjahren und ohne Bekanntheitsgrad im deutschsprachigen Raum – ich schämte mich. »Laß uns lieber wieder umkehren!« bat ich, aber »Sei nicht blöd!« erhielt ich als Antwort, und das Taxi rumpelte auf der steinigen, staubigen Straße weiter.

Die Frau lehnt sich zurück und legt die Hand über ihre Augen.

Ist Ihnen nicht wohl? fragt der Redakteur.

Nein, nein, nur ein Reflex – mir ist, als würde die griechische Sonne mich jetzt noch blenden, wenn ich von ihr erzähle.

Muß damals toll gewesen sein, dieses Mykonos, sagt der Redakteur.

Jeder rät mir, die Insel nie mehr zu besuchen, so sehr hätte sich dort alles verändert, antwortet die Frau. Nicht wegen des derzeitigen wirtschaftlichen Schlamassels und der Not Griechenlands, nein, vorher schon hat man mich gewarnt. Der Tourismus hätte Mykonos zerstört. Sowieso war ich später nur noch einmal dort, ziemlich bald nach diesem ersten Aufenthalt, und im selben Haus über dem Meer. Mit meinen zwei Schwestern und unseren drei Kindern – wir hatten damals je eines – war ich nochmals versucht gewesen, dort so etwas wie Urlaub zu machen, dann aber nie wieder. Und bis zu meinem Tod werde ich diese Insel nicht mehr aufsuchen.

Man weiß zwar nie, sagt der Redakteur.

Manches weiß man.

Weiter? fragt der Redakteur.

Die Frau nickt.

Wir landeten mit unserem Taxi schließlich am Rande eines weiten und menschenleeren Sandstrandes. Und seltsam verlassen stand da ein niedriges, weißgetünchtes Haus, so einsam, als sei es der übrigen Inselwelt entglitten. Aus den Fenstern flatterten weiße Leinenvorhänge, der Meerwind schien ungehindert durch alle Räume des Hauses zu wehen, die Tür stand offen.

Als wir uns näherten, trat eine Frau heraus, in einem weißen Hängekleidchen und barfuß. Sie beschattete ihre Augen mit beiden Händen und musterte uns prüfend. »Ja?« fragte sie, als wir vor ihr standen. »He, meine Schöne! Da bin ich, heute mit Weib und Kind!« antwortete mein Ehemann, und jetzt schien die Frau ihn zu erkennen. «Ist das nicht unser wilder Sirtakitänzer?« Sie lachte auf, umarmte ihn, begrüßte flüchtig auch mein Töchterchen und mich, und mir wurde klar, daß dem heutigen Besuch ein abendliches oder nächtliches Zusammentreffen vorausgegangen sein mußte. Sie schien die Gattin eines der beiden Schauspieler zu sein, wies auf ihre zwei Kinder hin, die in einiger Entfernung am Ufer spielten, und erklärte, daß

»die Männer« sich noch draußen im Meer befänden. »Sie sind Schauspielerin, hörte ich?« fragte sie mit herablassender Liebenswürdigkeit, als wir im Schatten auf einer Holzbank vor dem Haus saßen und sie uns Zitronenwasser anbot. Ich nickte und fühlte mich fehl am Platz. Als ich gerade dem Drängen meiner kleinen Tochter nachgeben und mit ihr ans Meer gehen wollte, geschah etwas Verblüffendes. Die tiefblauen, von weißem Schaum gekrönten Wogen teilten sich, und es entstiegen ihnen zwei Männer. Es war wie im Film. Braungebrannte, naßglänzende Leiber, nur mit knappen Badehosen ihr Geschlecht verhüllend, erhoben sich aus dem Meer. Sie trugen Harpunen, Taucherbrillen und einige in der Sonne schillernde, tote Fische, schritten auf uns zu wie Apoll in doppelter Ausführung. Das wilde, feuchte Haar fiel ihnen in die Stirn, die Augen blitzten vor Jagdlust und Lebensfreude. Ich starrte ihnen entgegen wie Erscheinungen aus einer anderen Welt. Als sie sich mir höflich vorstellten, brachte ich kaum ein Wort heraus. Mich verwirrte unsäglich, daß sie so nackt waren, aber den Männern schien es nicht das Geringste auszumachen. »Sie sind also die Schauspielerin!« sagte einer der beiden, der auch der Berühmtere war und den ich schon mehrmals im Fernsehen bewundert hatte. Er war strahlend blond und aus Hamburg, was jeder wußte. Der andere, Dunkelhaarige, auch ein bekannter und sehr guter Schauspieler, gehörte sichtlich zur Frau, die uns begrüßt hatte, und zu den beiden Kindern. Der aus Hamburg schien Junggeselle zu sein. Sie hatten meinen Ehemann in einer Bar im nächtlichen Mykonos kennengelernt, erfuhr ich jetzt.

Die beiden halbnackten Männer verschwanden schließlich, um sich anzukleiden, und saßen danach in leichten Hemden und kurzen Leinenhosen ebenfalls auf der schattigen Bank vor dem Haus, schnell im angeregten Gespräch mit meinem Ehemann. Als ich mich für eine Weile an den Strand zu den zwei Kindern gesellte, mit ihnen und meiner Tochter Sandburgen baute und mich nahe dem Ufer im Meer tummelte, spürte ich trotz der Entfernung, daß der Blonde aus Hamburg mich musterte, und es verwirrte mich. Trug ich jetzt doch auch einen knappen, zweiteiligen Badeanzug, ich fühlte mich mit meiner nackten Haut, meinem Körper und meinen Bewegungen diesem Männerblick ausgeliefert.

Später saß man gemeinsam im Vorgarten einer nicht weit entfernten, kleinen Gaststätte bei einfachen, aber köstlich schmeckenden griechischen Speisen und vielen Flaschen Retsina. Unsere Schar nahm einen großen Tisch in Anspruch, das Schauspieler-Ehepaar, der aus Hamburg, mein Ehemann, ich und die drei Kinder. Es war früher

Abend, die Sonne versank glühend im schwarzblau aufgerauhten Meer, und rotgoldenes Licht umhüllte uns. Ich saß zwischen meiner kleinen Tochter und dem Blonden aus Hamburg, es hatte sich so ergeben. Und er begann mich auszufragen, seit wann ich denn schon spiele und welche Rollen, er wisse natürlich von mir, mein Name sei ihm durchaus bekannt, aber – Also erzählte ich ihm brav von meinen Jahren am Theater, von den Arbeiten dort, den wenigen Fernsehspielen, an denen ich beteiligt gewesen sei, und er betrachtete mich immer wieder eingehend. Ein wenig zu eingehend, dachte ich, schaut er mich so an, weil er flirten möchte? Aber als wir alle reichlich gegessen hatten und immer noch reichlich getrunken wurde, wandte er sich mir plötzlich ernsthaft zu. »Ich habe Sie jetzt schon seit Stunden beobachtet«, sagte er, »vielleicht ist es Ihnen unangenehm aufgefallen, dann entschuldigen Sie, aber ich bin mir mittlerweile absolut sicher, daß Sie die ideale Madame Forestier wären!« »Die wer – ?« fragte ich etwas blöde. »Helmut Käutner macht mit mir Maupassants ›Bel Ami‹ in zwei Folgen für das Fernsehen, wir drehen in Stuttgart«, sagte er, »und wir sind bei einigen Figuren noch auf der Suche. Ich würde Sie gern mit Käutner in Verbindung bringen, wenn Sie nichts dagegen hätten?« »Was soll sie dagegen haben?« rief mein Ehemann. Er saß uns gegenüber, hatte reichlich

Retsina getrunken und mit der Frau des anderen Schauspielers laut geschäkert, aber, wie es seine Art war, trotzdem jedes Wort vernommen. Immer war er in der Lage, sich nichts entgehen zu lassen, alles blitzschnell zu erfassen, auch wenn er betrunken war. Im besonderen das Interesse eines anderen Mannes an seiner Frau entging ihm, dem notorischen Betrüger, natürlich nicht. Ich versuchte also seinen Einwurf, von dem ich mich bevormundet fühlte, zu überhören. »Natürlich müßte ich ›Bel Ami‹ nochmals genauer lesen, ich erinnere mich nicht mehr sehr an den Roman«, sagte ich, um Professionalität bemüht, »aber es wäre in jedem Fall schön für mich, diesen großen Regisseur kennenzulernen, so oder so, ob ich ihm gefalle oder nicht.« »Fein«, sagte der aus Hamburg, »ich werde gleich morgen Helmut ein Telegramm schicken, Sie hören dann ganz sicher bald von ihm.« »Gleich morgen?« fragte ich, »von Mykonos aus?« »Es gibt auch hier ein Postamt«, antwortete er lächelnd.

Und es gab dieses Postamt. Ich aber bezweifelte die Zuverlässigkeit eines Telegramms, das hinter dieser kleinen, blauen Türe, in diesem winzigen Raum mit einem einzigen Schalter abgesandt werden sollte. Doch tags darauf betrat der aus Hamburg vor unser aller Augen das Postamt, kehrte triumphierend zurück und rief: »Erledigt!« Dabei strahlte er mich an, braungebrannt, blond und schön. Er flirtet doch nur mit mir, das war nicht sein Ernst, dachte ich. Schließlich hätte er auch ein Ferngespräch mit dem Regisseur führen können, das hätte aber mehr Wartezeit verursacht, also redet er sich lieber auf ein Telegramm aus.

Ich glaube mich zu erinnern, daß wir danach noch mit der Schauspielerfamilie und diesem Bel Ami, wie ich ihn für mich jetzt nannte, im Hafen von Mykonos, an einem Tisch direkt am Wasser sitzend, Moussaka und Salat verschlangen, daß schon um die Mittagszeit ein Krug Retsina leergetrunken wurde, daß die Kinder jubelnd den hierorts berühmten zahmen Pelikan vorbeistolzieren sahen und daß ich auf einmal, mitten aus diesem heiteren, heißen, leuchtenden Himmel heraus, unsagbar müde und traurig wurde. Der blonde Bel Ami wandte sich mir immer wieder freundlich und gesprächsbereit zu, aber ich hatte Mühe, die einfachsten Antworten zu geben.

Irgendwann brachte der Kindesvater mich und die Kleine in unser Haus zurück, nicht ohne »Warum warst du auf einmal so fad?« zu bemerken und bald wieder zu verschwinden. Ich wußte auch nicht, warum ich auf einmal »so fad« geworden war. Auch mein Töchterchen war schläfrig. Ich zog also die Läden zu, wir legten uns dicht an dicht in mein Bett und schlummerten beide rasch ein, während unten das Meer gegen die Felsen schlug.

Die Frau steht auf, hebt die Arme hoch und streckt sich. Bitte Pause! sagt sie. Dann läßt sie sich wieder auf das Sofa zurückfallen und schließt die Augen.

Verstehe ich, sagt der Redakteur, Sie haben heute so unermüdlich lang gesprochen.

Ja, murmelt die Frau.

Sie wollten doch eigentlich von diesem Käutner erzählen, aber jetzt die ganze Vorgeschichte –

– war zu lang? unterbricht die Frau.

Aber wo.

Wissen Sie, diesen Erinnerungen lausche ich selbst hinterher.

Warum gerade diesen?

Weil sie mich überfallen. Weil ich Teile meines Lebens vergessen habe, oder zu vergessen suchte, und sie über mich kommen können wie Heimsuchungen.

Ich wollte eigentlich nur kurz erläutern, wie es zum Kontakt mit diesem Regisseur kam – und das geschah eben auf Mykonos.

Sind Sie denn noch auf der Insel geblieben? Haben Sie die – ich meine – den Schauspieler noch oft wiedergesehen?

Sie meinen natürlich meinen blonden Bel Ami aus Hamburg, stimmt's?

Klar meine ich den.

Nein, ich glaube, wir sahen uns dort nicht wieder. Mein Ehemann wurde ohnehin bald ungeduldig und ruhelos, wie immer, wenn er wo ein wenig länger blei-

ben wollte oder gar bleiben mußte, er war der rastlo-
seste Mensch, den man sich denken kann. Deshalb
konnten wir uns später seine Gefängnishaft, diesen
Mann in eine enge Zelle gezwungen, nicht vorstellen. Aber ich schweife ab. Was ich meinte, war unsere
baldige und verfrühte Abreise und Heimkehr. Und
wieder zu Hause, vergaß ich ihn schnell, den blonden
Bel Ami, auch seinen Vorschlag und das kleine blaue
Postamt auf Mykonos, ich tat das Ganze als Insel-Flirt
ab, Schwamm drüber. Bis eines Tages mein Telefon
läutete –
Ja? fragt der Redakteur.
Das erzähle ich Ihnen morgen. Morgen erzähle ich
weiter. Wenn Sie morgen auch kommen können?
Warum nicht?
Weil Sie mich schon seit über zwei Wochen unaufhör-
lich, fast Tag für Tag, aufsuchen. Haben Sie denn kein
Privatleben?
Und Sie?
Die Frau lacht. Sie sind frech, sagt sie, aber ich habe –
sagen wir – wenig Privatleben.
Sehen Sie, und mir geht es ähnlich.
Also gut. Aber genießen Sie noch den schönen Abend,
man könnte heute sogar zum Heurigen gehen und
draußen sitzen.
Wollen Sie?
Auf Wiedersehen, Herr Redakteur!

16

Die Frau lehnt am Fenster und schaut in den Garten hinaus, der unter einem zarten Nieselregen nach Gras und Blättern duftet. Auch als sie seine eiligen Schritte hört und Sofia den Redakteur mit einem Bittesehr! ins Zimmer läßt, dreht sie sich nicht um.

Verzeihen Sie meine heutige Verspätung, sagt der Redakteur.

Doch ein klein wenig Privatleben? fragt die Frau, ohne ihn anzusehen.

Damit kann ich leider nicht dienen, antwortet der Redakteur, aber Dank für Ihr Interesse. Der Scheißverkehr hat mich aufgehalten, kein Weiterkommen auf den Straßen, wie immer, wenn es auch nur ein bißchen regnet.

Wunderbar ist so ein Frühlingsregen, sagt die Frau und wendet sich ins Zimmer zurück, seien Sie nicht gereizt und trinken Sie lieber Tee, er ist noch warm.

Der Redakteur setzt sich. Sofort, ich atme nur noch ein wenig durch, sagt er, und verzeihen Sie bitte das Wort Verkehr.

Sie wirken angestrengt, sagt die Frau, als sie ebenfalls Platz nimmt, ist Ihnen irgendetwas zugestoßen?

Eigentlich nein.

Eigentlich?

Lassen wir's, es ist nichts.

Aha.

Beide schweigen. Die Frau gießt Tee ein, lehnt sich zurück, trinkt mit langsamen Schlucken und schaut den Redakteur dabei unverwandt an.

Tja, sagt sie, das Leben kann Scheiße sein, für jeden von uns.

Der Redakteur antwortet nicht, er holt wortlos das Aufnahmegerät hervor.

Bis eines Tages mein Telefon läutete – das war Ihr letzter aufgenommener Satz gestern, sagt er dann.

Ja und?

Machen wir da weiter?

Solange Sie in dieser Stimmung bleiben, mache ich überhaupt nicht weiter. Sie sind wütend. Das hemmt mich, tut mir leid. Lassen wir's für heute lieber sein?

Nein, bitte nicht! ruft der Redakteur aus, steht auf und geht einige Male im Zimmer hin und her. Dann bleibt er vor der Frau stehen. Ich benehme mich unmöglich, wie ein Trottel, ich weiß, sagt er. Es gab Stress in der Redaktion, das war's, aber ich möchte Sie damit verschonen und bin gleich wieder okay, glauben Sie mir.

Stress wegen unseres Buches? fragt die Frau ruhig.

Nicht wirklich.

Was heißt nicht wirklich?

Ach was, es ging – es ging wie immer um Quoten, Zeitgeist, Hypes, Trends –

Die Frau lacht. Bin ich für den Verlag nicht trendy genug? Da würde ich absolut zustimmen!

Es ist gut, daß Sie lachen, sagt der Redakteur, und ich

bitte Sie, meine schlechte Laune zu vergessen und mit mir auch heute weiterzumachen. Bitte! Leute können so indiskutabel sein, so hirnverbrannt, so letztklassig, daß man kurzfristig verzweifelt. Aber jetzt geht es wieder. Ja?

Ja, gut, sagt die Frau, machen wir also weiter.

Der Redakteur setzt sich wieder.

Danke, sagt er.

Bis also eines Tages mein Telefon läutete. Nachdem ich mich gemeldet hatte, sagte jemand: »Die Stimme klingt schon mal gut!« Dann lachte der Mann am anderen Ende der Leitung. »Entschuldigen Sie, hier ist Helmut Käutner aus Berlin. Man hat Sie mir sehr ans Herz gelegt für den Maupassant-Film – meinen Sie, Sie könnten bald einmal herfliegen, damit wir uns unterhalten? Oder muß ich vorher mit Ihrer Agentin –?« »Nein, nein«, sagte ich sofort, »ich kann natürlich zu Ihnen kommen!« »Gut, dann rasch«, sagte Käutner.

Ich hatte damals ja noch gar keine Agentin und regelte beruflich alles allein. Also versicherte ich mich am Theater abkömmlich zu sein und buchte einen Flug nach Berlin. Das Hotel für eine Nacht besorgte mir Käutner, ich solle von dort aus gleich zu ihm kommen, in sein Haus in Grunewald.

So geschah es, daß ich nur zwei Tage nach seinem Anruf wieder in einem Flugzeug saß, diesmal allein. Es war ein wolkiger Herbsttag, aber ich sah beim Anflug zwischen dem Gewölk doch die sichtbar geteilte Stadt unter mir, die Linie der Mauer und den um so vieles grauer und schäbiger wirkenden östlichen Teil. Dann erschreckte mich die Landung in Westberlin, denn die Maschine sauste, damals noch am Flughafen Tempelhof, zwischen Wohnhäusern geradewegs mitten in die Stadt hinein. Trotz meiner Unerfahrenheit beim Reisen versuchte ich mich versiert-damenhaft zu geben, zitterte aber ständig bei Unvorhergesehenem und dachte ständig, das Falsche zu tun. Ich nahm also von Tempelhof aus ein Taxi zum genannten Hotel, das am Kurfürstendamm lag. Und jetzt, bereits ein wenig beruhigter, kam ich mir denn doch so vor, als täte die große Welt sich endlich für mich auf. Kurfürstendamm! Grunewald! Was für Namen, die ich nur aus Zeitungen oder von Berichten älterer, berühmterer Schauspieler kannte!

Im für mich nahezu verwirrend eleganten Hotelzimmer bemühte ich mich, die Reiseanstrengung aus meinem Gesicht zu entfernen, war aber mit dem Resultat eines neuerlichen, diskreten Make-ups in keiner Weise zufrieden. Sowieso werde ich dem Käutner nicht gefallen, dachte ich, ich bin viel zu unhübsch, um vor einer Kamera bestehen zu können. Und plötzlich kam mir auch das Wohlgefallen des blonden Bel Ami auf Mykonos irgendwie absurd vor. Ich starrte in den Spiegel des luxuriösen Badezimmers und hätte mich gern im ebenfalls luxuriösen Bett verkrochen. In dieser knapp davor von mir freudig begrüßten »großen Welt« fühlte ich mich plötzlich klein und unsicher. Was habe ich hier eigentlich verloren, dachte ich, bestimmt hole ich mir nur eine Abfuhr und Demütigung.

Aber ich war schließlich mit Käutner verabredet und durfte ihn nicht warten lassen. Es dunkelte schon, als ich vor seiner Villa aus dem Taxi stieg. Als ich klingelte, öffnete sich das eiserne Gartentor selbsttätig, und auf einem Kiesweg gelangte ich zum hell beleuchteten Entrée des Hauses. Da stand in der geöffneten Tür ein schmaler Mann mit weißem Haar, sagte: »Da sind Sie ja, meine Liebe, nur herein!«, nahm mich nach dem Händeschütteln um die Schultern und führte mich in einen riesengroßen Salon, wo wir Platz nahmen. Alles hier beeindruckte mich. Die Höhe des Raumes, die sanften Lichtquellen, Buchrücken, die eine ganze Wand bedeckten, Felle, geknüpfte Teppiche, Kunstgegenstände, gerahmte Bilder und Fotografien, ein gedeckter Teetisch vor den Fauteuils, in denen wir saßen – und vor allem Käutners so überaus liebenswürdiges Gesicht. Seine hellen, wasserblauen Augen blickten mich aufmerksam an und erweckten sofort mein Vertrauen, weil diese Aufmerksamkeit auch Güte und Verständnis enthielt. Ein leichtes, etwas müdes Lächeln auf seinen Lippen erzählte von Skepsis und Ironie, beides hatte ihm wohl dabei geholfen, die Nazizeit und den Krieg unkorrumpierbar und mit Haltung zu überstehen.

Wir blieben nur zu zweit, keine Frau oder Gefährtin kam vorbei, mich zu begrüßen, das Haus wirkte still und Käutner ein wenig einsam. Ich weiß nicht, ob er das nun wirklich war oder nicht, aber an jenem Spätnachmittag erweckte er diesen Eindruck. Er saß mir leicht vorgebeugt gegenüber und stellte nur wenige Fragen. Trotzdem fühlte ich schnell eine so kluge Anteilnahme, daß es mich bewog, erstaunlich bereitwillig und ausführlich von meinen Lebensumständen, meinen Zielen und beruflichen Vorstellungen zu berichten. Er hörte ruhig und konzentriert zu und rauchte dabei eine Zigarette nach der anderen. Das schien er ständig und seit jeher zu tun, denn Zeige- und Mittelfinger seiner rechten Hand waren bereits braun vom Tabak.

Ich weiß nicht mehr genau, wie lange wir beisammen saßen, aber ich weiß, daß ich irgendwann mit leisem Erschrecken feststellte, unendlich viel gesprochen zu haben, etwas, das sonst nicht meine Art war. »Verzeihen Sie mir meine Geschwätzigkeit«, sagte ich betreten, oder war es ein ähnlicher Satz, jedenfalls lachte er leise auf. Dann meinte er, daß alles, was ich erzählt hätte, ihn sehr interessiere, daß er bei meinen Worten auch meine sprachliche Begabung wahrnehmen konnte, daß er wie sein Schauspieler-Freund, der den Bel Ami spiele, den Eindruck habe, ich sei von Typ und Aussehen her genau die Madame Forestier im Maupassant, und daß er gern mit mir für diesen Fernseh-Film arbeiten würde. »Sind wir uns einig?« fragte er. Ich stammelte ein überraschtes, aber seliges »Ja, natürlich«. »Fein«, sagte er. Der Sender würde die Verträge schicken, die Drehzeit sei dann und dann, ob ich im Theater freikäme? Das würde ich durchsetzen, auf jeden Fall, und wenn ich dafür kündigen müßte, sagte ich, und er lachte wieder leise auf. Dann empfahl er mir noch ein Stück am Berliner Schillertheater, das ich mir heute abend unbedingt ansehen solle, er würde mir eine Karte reservieren. Nachdem er das Taxi gerufen hatte, begleitete er mich an die Haustür, ein warmer Händedruck, und ganz schwindlig vor Glück schritt ich allein auf das Gartentor zu, das sich feierlich und lautlos vor mir auftat, sich zu öffnen schien wie eine neue, strahlende Zukunft. Die wenigen Minuten, bis das Taxi kam, stand ich unter schwach von Laternen erhellten Laubbäumen, irgendwo plätscherten Wellen und es roch nach Wasser. In der Nähe, wohl am Ende von

Käutners Garten, mußte ein See sein. Vielleicht der Wannsee? dachte ich, weil auch das ein Name war, den ich kannte.

Dann rollte das Auto heran, ich fuhr zu meinem Hotel, war abends im Theater, ohne an diese Vorstellung noch irgendeine Erinnerung zu haben, und flog tags darauf wieder nach Hause zurück.

Ich pausiere kurz, sagt die Frau, nur ein Schluck Tee! Wir haben keine Eile, wie Sie wissen, sagt der Redakteur. Aber toll, wie dieser Mann Sie einzig nach einem persönlichen Gespräch für eine, wie ich annehme, große Rolle ausgewählt hat! Man hört heutzutage davon, wie Schauspieler langwierig für Rollen getestet, also gecastet, werden, und man liest doch in jedem Kino-Abspann vom sogenannten Casting –

Ja, sagt die Frau. Das waren andere Zeiten, denke ich. Nie mußte ich als erwachsene Schauspielerin irgendwo vorsprechen, mich präsentieren, mich mit anderen für eine Rolle messen, ich bekam ein Drehbuch, konnte mich entscheiden, ja oder nein sagen, das war's. Die Bedingungen sind, wie überall, auch dabei härter geworden. Aber die Entscheidung Käutners, nach nur ein, zwei Stunden des einander Kennenlernens in seinem Haus und ohne mich zuvor je als Schauspielerin erlebt zu haben, das war auch damals nicht an der Tagesordnung. Ich selbst konnte es kaum fassen.

Die Frau schenkt sich vom kalt gewordenen Tee ein und trinkt die Tasse in einem Zug leer. Ich möchte weitermachen, sagt sie.

Ich erhielt also einen Vertrag, ich erhielt die Drehbücher, und ich bereitete mich in den Monaten, ehe ich nach Stuttgart aufbrechen mußte, in jeder Hinsicht auf diese Arbeit vor. Meine Abwesenheit vom Theater und die von zu Hause mußte geregelt werden. Ich wohnte damals mit Mann und Tochter in einer riesengroßen Altbauwohnung im Stadtinneren, jedoch fühlte ich mich eher als Alleinerzieherin, da der Vater sich recht selten blicken ließ und meist jegliche Verantwortung für das Kind bei mir lag. Meine Mutter erklärte sich bereit, mich und die Kleine zu begleiten, und der Sender mietete deshalb für uns in Stuttgart eine Wohnung an. Das Theater gab mir Urlaub, außerdem fiel die Drehzeit ohnehin zum größten Teil in die Sommermonate, mir gelang also vorausschauend alles bestens zu organisieren – aber was sich nicht organisieren ließ, war natürlich meine Angst. Würde ich bestehen? Mich menschlich und schauspielerisch zwischen all den fremden Menschen, in der Fremde, unter mir fremden Bedingungen behaupten können? Nachts überfluteten mich Furcht und Panik, die ich aber niemanden wissen ließ. Ich verbarg meine kindliche Angst hinter dem Anschein einer dem Theaterpublikum bekannten Schauspielerin, bald dreißig Jahre alt, von ihrem exzentrischen und wohlhabenden Gatten mit einem schwarzen Porsche beschenkt, in dem man sie durch die Stadt fahren sah, einer Frau also, die schließlich reiselustig und lebenserfahren sein mußte. Niemand konnte ahnen, wie sehr ich mich fürchtete. Ich ließ das Zukünftige mit Bangen auf mich zukommen.

Es war sommerlich in Stuttgart. Wir bezogen eine hübsch ausgebaute Dachwohnung über der Stadt, die Gegend hieß »Bobserwald«, was mich amüsierte. Man sah von dort aus in der Tiefe das fast südlich besonnte Häusermeer hingebreitet. Meine Mutter und die Kleine überließ ich also weitgehend einander, während ich »zur Arbeit« ging. Besser gesagt mit meinem Porsche die Straßen abwärts kurvte und dann zu den Studios weiterfuhr, die auf einem Hügel zwischen Parkbäumen und Wiesen lagen und teilweise unterirdisch ausgebaut worden waren.

Es gab Kostümproben, es gab das Ausprobieren von Make-up und Frisuren, ich zitterte anfangs vor Nervosität. Nicht schön genug, Ringe unter den Augen, keine zarte Nase, »Pfrnak« hatte meine böhmische Großmutter sie immer genannt, nicht genügend Taille für diese Kleidermode aus dem vorigen Jahrhundert, zu plumpe Hände, es fiel mir schwer, von meinen Selbstzweifeln nicht erdrückt zu werden.

Aber da kam der Regisseur. Da kam Käutner selbst in den Schminkraum, in die Garderobe, gab kleine Hinweise, schob da eigenhändig eine Locke zurecht, bat die Maskenbildnerin, dort eine Linie über dem Auge anders zu ziehen, trat einen Schritt zurück, überprüfte – und lobte. Da fand er bei den ersten Proben schon großes Wohlgefallen an dem, was ich anbot. Da drehten wir die ersten Szenen, im Studio und mit vier Kameras. Da bat er mich hinterher, mir die Aufzeichnung anzusehen. Wir waren beim Arbeiten schnell per du geworden, und er sagte: »Also! Schau genau hin. Gefällst du dir da nicht selbst?« Und ich gefiel mir selbst. Ich spielte gut – und ich sah sehr gut aus.

Ich habe diese Dankbarkeit, die ich damals für Käutner empfand, bis heute nicht verloren. Mehr als jeder Liebhaber, jeder Ehemann konnte er mir weibliches Selbstvertrauen schenken. Sicher nicht allumfassend, aber das gewonnene Vertrauen in die Schauspielerin, in die »öffentliche Frau«, verdanke ich ihm. Wenn ich also späterhin je als »schön« gelten konnte, war es Käutner, der den Anstoß dazu gab. Er rettete etwas in mir, das ohne ihn wohl rettungslos verloren gewesen wäre.

Und natürlich fügte sich langsam, aber unaufhaltsam auch der blonde Bel Ami in dieses Rettungsszenario ein. Wir drehten Liebesszenen, lagen als Paar halbe Drehtage lang gemeinsam in einem Bett, wir kamen uns näher und näher. Sein knallroter und mein schwarzer Porsche waren die Sensation, wenn wir abends hintereinander dröhnend aus der Garage der Studios hochbrausten, um dann in der sommerheißen Stadt zu parken und gemeinsam mit Käutner irgendwo schwäbischen Rostbraten mit Spätzle zu essen und viel schwäbischen Wein dazu zu trinken. Ich genoß die Zuwendung der beiden Männer und kam oft erst sehr spät in die Wohnung am Bobserwald zurück. Meiner Mutter blieb nicht verborgen, daß ich mich zu verlieben begann, was sie im Hinblick auf den Zustand meiner Ehe nur zu begrüßen schien. Außerdem war es ihr in der Stuttgarter Abgeschiedenheit bereits etwas öde zumute geworden. Sie schlug also munteren Tones vor, mit meiner Tochter zurückzureisen, sie zu sich zu nehmen und mit ihr daheim für Oma und Enkelin Lustigeres als hier am Bobserwald zu unternehmen. Ich selbst könne dadurch in Ruhe arbeiten, mich konzentrieren, ob mir das nicht auch sehr recht sei?

Und es war mir sehr recht. Weil ich ahnte, was auf mich zukommen würde. Daß mehr, als von mir erahnt, auf mich zukommen würde, das wußte ich natürlich nicht.

Eines Abends brachte ich also meine Tochter und meine Mutter zum Bahnhof. Ich setzte die beiden in ein Abteil des Schlafwagens, der Kleinen gefiel das Stockbett und die Reisestimmung, ich bestellte beim Schaffner noch einen Abendimbiß für die beiden, wir umarmten einander lange und innig, und dann winkte ich ihnen hinterher, als der Zug langsam davonrollend den Bahnsteig verließ und sich hinter einer Biegung verlor.

Da stand ich nun, allein und frei.

Ich fühlte diese Freiheit wie einen Ruf, alles in mir schien sich in Bewegung zu setzen, auf das bislang Vermiedene zuzueilen. In der nächsten Nacht schon schlief ich zum ersten Mal mit dem blonden Bel Ami. Was ich mit ihm erlebte, war nicht so sehr lustvoll-körperliche Erfüllung, aber es war die erfüllende Befreiung aus der mir seit Jahren angetanen Unterdrückung. Da ging ein Mann, noch dazu ein schöner und begehrenswerter Mann, zärtlich, höflich und respektvoll mit mir um. Da gab es den mir zum Freund gewordenen Käutner, der meine Liaison mit seinem Hauptdarsteller wohlwollend zur Kenntnis nahm. Da gab es unser gemeinsames Arbeiten, die gemeinsamen Sommerabende nach anstrengenden, aber fruchtbaren Drehtagen. Da fühlte ich mich geborgen im Geachtetwerden, in einem neuen weiblichen Selbstbewußtsein.

Irgendwann begann mein Ehemann mir telefonisch nachzustellen, sein Instinkt schien ihn auf mich und mein derzeitiges Erleben aufmerksam gemacht zu haben. Eine Weile lang hob ich nicht ab oder ließ mich verleugnen. Bis er mich eines Tages an einem Telefonapparat im Studio überraschend erreichte und ein Gespräch unumgänglich wurde. Es war für mich selbst erstaunlich, wie ungerührt ich meinem Ehemann auf Anhieb klar, kühl und ohne Umschweife sagen konnte, daß ich mich so schnell wie möglich von ihm scheiden lassen wolle. In seiner Verblüffung stimmte er sofort zu.

Ein Anwalt, mit dem wir beide befreundet waren, bereitete die Scheidung vor. Auf seine telefonische Frage hin war ich gleich damit einverstanden, als »die Schuldtragende« zu gelten, ja, ich hätte meinen Mann betrogen. »Willst du das wirklich?« fragte der Freund und Anwalt, im Wissen, daß über Jahre hinweg ich die Betrogene gewesen war. »So geht's schneller«, antwortete ich. Und daran lag mir. Diese Scheidung jetzt so schnell wie nur möglich hinter mich zu bringen. Jetzt hatte ich die Kraft und den Willen dazu.

Wir fixierten den Scheidungstermin, und ich bat Käutner um einen drehfreien Tag, den er mir sofort und mit einem leichten, wissenden Lächeln zugestand. Ich glaube, daß das ganze Team Bescheid wußte, als ich losfuhr. Und ich glaube, daß alle dachten, mein Bel Ami sei der Grund, mich so eilig scheiden zu lassen. Dem aber versicherte ich, daß diese Entscheidung nichts mit ihm zu tun habe, und er, dem ich immer wieder andeutungsweise vom Elend meiner Ehe erzählt hatte, verstand mich gut. Wir waren uns einig, nach dieser Filmarbeit unsere Liebesgeschichte zu beenden und als gute Freunde wieder auseinanderzugehen. Also fuhr ich eines Tages früh am Morgen los, ich brauste, das Gaspedal meines Porsches ständig bis zum Anschlag niederdrückend, auf den damals noch schwach befahrenen Autobahnen und Straßen so schnell ich konnte dahin. Es war ein heißer Sommertag, die Landschaften flogen weizenfarben und in der Hitze flimmernd an mir vorbei, und nach einigen Stunden erreichte ich die vertrauten heimatlichen Straßen. Ohne meine Mutter und meine Tochter wissen zu lassen, daß ich in der Stadt sei, parkte ich sofort vor der Tür des für die Scheidung zuständigen Amtshauses. Aber als ich aus dem Auto sprang, eilte mir unser Anwalt verzweifelt entgegen. Der Ehemann sei nicht erschienen, er sei unauffindbar und unerreichbar! Ich bestand darauf, loszufahren und ihn zu suchen. Gleichzeitig zitterte ich vor Wut, wollte ich doch diesen heutigen Termin unbedingt wahrnehmen, da ich noch am selben Tag wieder nach Stuttgart zurückmußte. Zum Glück aber erspähten wir auf unserer Tour recht bald den schwankend dahinfahrenden Militär-Jeep meines Ehegatten, er saß mit seiner russischen Pelzmütze am Steuer, grinste, als er uns wahrnahm, und war offensichtlich betrunken. Er meinte, den Termin »vergessen zu haben«, aber wir schafften es, ihn zu überreden, trotzdem rasch mit uns zu kommen. Der Beamte konnte die Verspätung gerade noch tolerieren, und ich wollte schon erleichtert aufatmen, als der Gatte in seinem Dusel plötzlich anfing, meine Treue und Anständigkeit zu beteuern und sich selbst als betrügerischen Bösewicht hinzustellen. Der Anwalt und ich traten ihm unter dem Tisch heftig gegen das Schienbein, hätte er doch mich beschuldigen sollen! Der Beamte schüttelte zwar den Kopf, sah aber gottlob ein, daß er besser daran täte, diese »einvernehmliche« Situation rasch und problemlos einem Ende zuzuführen. Unser Anwalt bestärkte ihn darin, und ich verließ das Amt schließlich als geschiedene Frau. Als ich meinen Ex-Ehemann zum Abschied umarmte, roch ich den Alkohol und sah plötzlich Tränen in seinen Augen. Aber nichts hielt mich mehr auf, ich sprang in mein Auto und sauste, laute Musik hörend, singend, lachend und mich frei für ein neues Leben fühlend, nach Stuttgart zurück.

Dort wurde ich mit Hallo erwartet, Käutner und Bel Ami gratulierten mir, wir tranken in lauer Nacht unter Bäumen einige Flaschen Wein, todmüde und beschwipst sank ich schließlich in die Arme meines Liebsten und schlief dann übergangslos neben ihm ein. Die Wohnung am Bobserwald hatte ich inzwischen aufgegeben, ich wohnte im selben Hotel wie all die anderen Schauspieler, es befand sich in der Nähe der Studios, und Bel Ami und ich konnten jetzt Tag und Nacht viel unkomplizierter teilen. Wir konnten immer beisammensein, wenn wir es wollten. Und natürlich schlich dieses Wollen, das Genießen unserer Zweisamkeit, sich eindringlicher als beabsichtigt bei mir ein. Mir wurde klar, daß die so ruhig beschlossene Trennung am Ende der Drehzeit mir so ruhig nicht würde gelingen können, aber ich nahm das Schmerzliche daran in Kauf. Hatte die schöne Verliebtheit mir schließlich das Leben gerettet.

Erst von Stuttgart aus verständigte ich meine Mutter, vor kurzem daheim gewesen und geschieden worden zu sein. Sie quittierte diese Nachricht mit einem erleichterten Jubelschrei. Andererseits mußte ich sie aber bitten, die erste Zeit nach meiner Rückkehr mit dem Kind bei ihr, in ihrer recht kleinen Wohnung, bleiben zu dürfen, denn ich wollte nie mehr, auch nicht mit einem Schritt, auch nicht für eine Sekunde, in die ehelichen Zimmerfluchten zurückkehren. Erst wenn ich eine eigene Behausung gefunden hätte, würde ich mir meine und des Kindes persönliche Sachen von dort bringen lassen. Die Mutter und mein ebenfalls erleichterter Vater stimmten dem allen zu, sie

hätten uns beide, mich und die Enkeltochter, trotz
der räumlichen Enge gerne eine Weile bei sich.

Die Frau verstummt. Als sie dann aufsteht, schwei-
gend zu einer Tischlampe geht und das Licht andreht,
stellt der Redakteur das Gerät ab, packt es in seine
Sakkotasche und erhebt sich ebenfalls.
Ja, es dämmert, sagt er, ich bin heute zu lange geblieben.
Ich habe zu lange gesprochen, sagt die Frau. Den Rest
dieser Lebensepisode erzähle ich beim nächsten Mal.
Das schien mir mehr als eine Episode gewesen zu sein,
meint der Redakteur.
Wie auch immer, ich kann jetzt nicht mehr. Morgen
übrigens auch nicht. Paßt es Ihnen übermorgen?
Klar.
Gut, dann übermorgen.

17

Es dauert noch ein bißchen, sie kommt gleich, sagt Sofia, nehmen Sie ruhig schon vom Tee.
Sie lächelt den Redakteur freundlich an, verläßt das
Zimmer, und er nimmt Platz. Im Raum darüber hört
er Schritte und Stimmen. Aha, denkt er, der Reisende
ist wieder zurückgekehrt, deshalb gestern ein Ruhe-
tag.

Der Redakteur zündet sich eine Zigarette an. Dann steht er auf und tritt rauchend an das geöffnete Fenster. Die Luft weht lau herein, Wolken ziehen über den Bäumen dahin.

Ich muß aufpassen, denkt er, daß mich nicht zu irritieren beginnt, was und wie diese Frau lebt. Nur weil ich jetzt schon so vieles von ihrem Leben weiß, heißt das nicht, daß ihr Leben mich etwas angeht. Immer noch arbeitet sie, lebt sie und liebt sie, nehme ich an, ein Wunder, daß sie sich so viel Zeit nimmt für mich. Und was heißt überhaupt: für mich!

Er geht zum Sofa zurück, setzt sich und dämpft die Zigarette aus.

Ich hab lange nicht mehr geraucht an unseren Nachmittagen, sagt die Frau, als sie das Zimmer betritt, kann ich gleich eine haben? Seien Sie gegrüßt, übrigens!

Ja, gern, guten Tag, antwortet der Redakteur und hält der Frau die Packung entgegen. Als sie eine Zigarette genommen und er ihr Feuer gegeben hat, läßt sie sich ins Sofa fallen.

Wie geht es Ihnen? fragt die Frau.

Mir gut, antwortet er, und Ihnen?

Auch gut. Sehr gut.

Fein.

Eine Tasse Tee, ehe wir wieder weitermachen?

Aber gern.

Die Frau gießt die Tassen voll, und beide trinken. Es ist still im Zimmer, nur über ihnen sind weiterhin ab und zu Schritte zu hören. Die Frau deutet hinauf und lächelt.

Mein Büro, sagt sie. Die Steuer. Und Rechnungen. Muß alles sein.

Ja, leider, antwortet der Redakteur.

Die Frau setzt die Tasse ab und drückt den Rest ihrer Zigarette aus. Wo waren wir beim letzten Mal? fragt sie.

Noch in Stuttgart – Sie wollten aber nicht mehr in Ihre eheliche Wohnung zurück –

Ach ja, genau. Haben Sie Ihr – dieses Ding aufgedreht? Ist bereit.

Also weiter, sagt die Frau.

Ich versuchte die restliche Zeit der Dreharbeiten mit aller Intensität zu durchleben. Bereichernd, ja beglückend war es, mich in Käutners Regieführung schauspielerisch zu erfahren. Er war unerbittlich genau und behutsam, beides. Er ließ mir nichts durchgehen und holte Unerwartetes aus mir heraus. Das ganze Team begann mich zu schätzen, was mir, der ewigen Vorzugsschülerin, natürlich äußerst wohltat. Mein Bel Ami betonte scherzhaftstolz, sich auf Mykonos nicht getäuscht zu haben, und Käutner sprach mir immer wieder auf besonders liebevolle Art seine Zufriedenheit aus. In dieser allgemeinen Anerkennung blühte ich menschlich auf.

Leider wurde Käutner am Ende der Drehzeit sehr krank. Er blieb jedoch keinen Tag der Arbeit fern, im Rollstuhl wurde er in den Regieraum und ins Studio gebracht. Und weiterhin rauchte er eine Zigarette nach der anderen. Ich weiß nicht genau, was ihm damals fehlte. Jetzt war da auch eine Frau, ich denke seine Frau, die sich, seinen Zustand überwachend, ständig neben ihm aufhielt und ihn nach dem Drehen schnell ins Hotel zurückbrachte. Unsere feuchtfröhlichen, einander freundschaftlich zugetanen Abende zu dritt konnten zuletzt leider nicht mehr stattfinden, was ich einerseits sehr bedauerte. Aber andererseits hatte ich das absehbare Ende der Liaison mit meinem Bel Ami vor Augen und vertiefte mich deshalb am Ende der letzten Drehtage ausschließlicher in unsere abendliche Zweisamkeit. Wir benahmen uns jedoch sehr erwachsen, ließen keine überbordende Theatralik, keinen schmerzlichen Überschwang zu. Aber als wir uns nach dem am Ende einer Filmarbeit üblichen Abschlußfest, bei dem sich das ganze Team noch einmal gemeinsam feiernd zusammengefunden hatte, im Hotelzimmer ein wenig ratlos gegenüberstanden, schossen mir dennoch Tränen in die Augen. Wir fielen einander in die Arme, beteuerten beide, wie schön und wichtig diese Zeit für uns gewesen sei, legten uns noch einmal zueinander und wünschten dann einer dem anderen das Beste für alles Zukünftige.

Als ich in meinem vollbepackten Porsche tags darauf endgültig heimfuhr, tat mir natürlich das Herz
weh. Ich weinte zu den Liedern von Serge Reggiani,
die aus dem Autoradio dröhnten, aber das Gefühl
meiner neu errungenen Freiheit und Selbstsicher-
heit überwog. Daß mich trotzdem belastende Zeiten
und ein keineswegs glückliches Leben erwarten
würden, war mir bei dieser Heimreise durch den
leuchtenden Spätsommertag nicht bewußt.

Die Frau greift, ohne zu fragen, nochmals zu den Zigaretten und zündet sich eine an. Als sie den Rauch
ausstößt, schüttelt sie leicht den Kopf.
Wie wir nie wissen, was wirklich auf uns zukommt,
sagt sie dann. Vor allem, wenn man noch jung ist. Im-
mer eine Hoffnung. Immer wieder das Gefühl, alles
würde sich ab nun in reine Schönheit verwandeln. Der
Glaube an das Wunder, immer wieder.
Aber Ihr Bel Ami – die Zeit mit diesem Käutner – war
das nicht – nun ja – ein kleines Wunder? fragt der Re-
dakteur.
Die Frau schaut ihn an.
Natürlich, sagt sie, Sie haben recht.
Ich wollte nicht recht haben.
Hatten Sie aber.
Die Frau nimmt einen Zug von der Zigarette.
Darf ich wissen, was mit dem kranken Regisseur da-
nach geschah? fragt der Redakteur.

Oh ja, Sie dürfen, natürlich. Ich habe Käutner zwei, drei Jahre später nochmals einigermaßen gesund wiedergesehen und diesmal als hervorragenden Schauspieler erlebt. Wir drehten gemeinsam in Hamburg eine Tatort-Folge, diese Krimi-Serie begann sich damals gerade zu etablieren. Und auch als sogenannte Kollegen verstanden wir uns zutiefst, unser Zusammenspiel hatte den Zauber von Einhelligkeit und Nähe. Er war mir väterlicher Freund, und vielleicht sogar empfanden wir mehr füreinander, jedenfalls hatte ich ihn sehr lieb, um es einfach zu benennen. Aber nach der Arbeit an diesem Krimi starb er bald.

Das tut mir leid, sagt der Redakteur.

Mir tat es auch leid, sagt die Frau. Obwohl – es war mehr für mich, es tat mir weh. Aber ich erfuhr von seinem Tod so scheußlich nebenher und zufällig, und zu einer Zeit, die mich wieder auf andere Weise hernahm, daß ich darauf nicht wirklich einging. Menschen, die einem wichtig waren, können weggehen, aus dem Leben gehen, so schnell und irgendwie unbemerkt, während man selbst sich abmüht, weiterzuleben, daß es nicht zu fassen ist.

Und Ihr Bel Ami?

Lebt auch nicht mehr.

Ach ja?

Ja. Wir sahen uns nur noch wenige Male – in Hamburg einmal – als er in meiner Heimatstadt inszenierte, einmal – er machte eine Weile lang Karriere im internationalen Film – ich glaube, daß er irgendwann geheiratet hat, es einen Sohn gab – Wenn wir uns sahen, entstand da sofort wieder diese vertraute Zuneigung – aber, wie gesagt, wir sahen einander nur noch so wenige Male – und eines Tages erfuhr ich auch von seinem Tod.

Scheiße, sagt der Redakteur.

Sie haben wieder recht, sagt die Frau, rauchen Sie doch auch eine.

Der Redakteur nickt und nimmt sich eine Zigarette, beide sitzen einander stumm gegenüber.

Fällt Ihnen auf, daß so viele Menschen, die meinem Leben wesentliche Impulse gaben und von denen ich Ihnen erzählte, tot sind? fragt die Frau plötzlich.

Jetzt, wo Sie es sagen, fällt es mir natürlich auf.

In meinem Alter ist das so.

Aber auch in Ihrem Alter gibt es Gegenwart.

Schon, ja. Aber die Zeit der lebensbestimmenden Impulse ist vorbei. Der Glaube an das Wunder ist vorbei. Man lebt und handelt zwar weiter, aber in Richtung Endlichkeit. Die Neugier auf Zukünftiges macht dem Wunsch nach Stille Platz.

Jetzt auch? fragt der Redakteur.

Was?

Ihr Wunsch nach Stille? Schluß machen für heute?

Nein, eigentlich nicht, sagt die Frau, es ist ja noch früh, noch nicht Abend. Die lärmenden Gedanken und schrillen Aufwallungen des Alltäglichen loszuwerden, so war es von mir gemeint. Endlich Stille im Herzen zu finden, den sogenannten Seelenfrieden. Aber Schluß damit. Jetzt habe ich den Wunsch, weiterzuerzählen, glaube ich. Geht es? Ja, natürlich.

Vorerst freute ich mich, meine kleine Tochter wiederzusehen, und meine Eltern freuten sich vorerst, mich bei sich zu begrüßen. Es gab, als ich ankam, ein üppiges Abendessen und lange Gespräche darüber, wie ich wohl zukünftig wohnen und leben wolle. Dann schliefen wir müde ein, die Kleine auf dem Sofa und ich auf einer Matratze daneben, das kunterbunte Lager schien auf lustige Weise nur vorübergehend aufgeschlagen worden zu sein. Aber bald trübte sich die Wiedersehensfreude ein wenig, da die räumliche Enge uns allen zu schaffen machte. Ich bemühte mich also, so rasch wie nur möglich eine eigene Wohnung zu finden, und ich hatte Glück. Wir, ich und mein Kind, zogen nach einigen Wochen in ein altes, ländlich wirkendes Haus am Rand der Stadt, es lag im Grünen, zwischen Villen und Gärten, und man vermietete mir einige Räume im oberen Stockwerk.

Verzeihung, sagt der Mann, ein ländlich wirkendes Haus – zwischen Gärten – ?

Ja, Sie Detektiv. Die Frau lacht. Es war dieses Haus, in dem Sie mir heute gegenübersitzen. Ich fühlte eine seltsame Vertrautheit und Zugehörigkeit sofort, als ich es betrat. Aber alles begann mit einer Mietwohnung, klar?

Ich unterbreche nicht mehr, sagt der Redakteur.

Jetzt war ich also tatsächlich alleinerziehende Mutter und berufstätig. Das ging nur mit Hilfe einer Kinderfrau, da ich am Theater wieder voll eingesetzt wurde. Der Kindesvater und Ex-Ehemann kam ab und zu vorbei, eigentlich wie eh und je, war aber zu dieser Zeit schwer alkoholkrank und mehr eine Belastung als in irgendeiner Weise hilfreich. Mit meiner nicht allzu üppigen Gage die Wohnung und eine Kinderfrau allein zu finanzieren, war nicht leicht, ich schlug mich mit Krediten durch und fühlte mich von Verantwortungen aufgerieben. Trotzdem tastete ich, wo ich konnte, nach ein wenig Lebensfreude, ich spielte gern am Theater, und versuchte, meiner Tochter eine gute Mutter zu sein. Letzteres blieb wohl am meisten und beklagenswert auf der Strecke, obwohl ich dieses Kind so über alles liebte. Zu viel Übermüdung, zu wenig Halt außerhalb meines eigenen Mich-Aufrechthaltens, dazu dieser Beruf, der zeitlich nicht geregelt war, deshalb zu viel Abwesenheit und zu wenig Beisammensein, ich konnte meine Liebe nicht in mütterliche Geborgenheit für meine Tochter umwandeln.

Und all dies sollte sich noch steigern. Denn irgendwann wurde unser Maupassant-Zweiteiler »Bel Ami« im Fernsehen gesendet. Ausgestrahlt, sagt man. Und was ich da erfuhr, war wirklich »ausstrahlend« – es war so, daß ich selbst es anfangs nicht glauben konnte. Ich wurde berühmt. Über Nacht berühmt.

Schon nach der ersten Folge lief mein Telefon heiß. Und der allererste Anruf – es klingelte, als der Abspann noch lief – war der von Erna Baumbauer, der großen Agentin aus München. Die besten Schauspieler und Schauspielerinnen waren bei ihr unter Vertrag, sie vertrat die Elite deutschsprachiger Stars, hatte einige in den internationalen Film gehievt, jeder in meiner Zunft kannte sie. Als ich mich, von Käutner dazu bewogen, mit Überwindung bei ihr gemeldet hatte, sagte sie auf ihre bayrisch-unverblümte Art: »Wissen's, Liebe, ich tu mir schwer mit de Weiber, Männer san ma liaber, der san net so kompliziert. Aber eanan Bel Ami schau' i ma an, recht so?«

Und sie hatte also die erste Folge gesehen und sofort meine Nummer gewählt. »Des war prima! Wenn's woll'n – ich nehm Sie!« »Gern – ich freu' mich!« Dieser kurze Dialog leitete eine Jahrzehnte währende Verbindung ein, die mehr wurde als die zwischen einer Agentin und einer ihrer Schauspielerinnen. Diese Frau, genau zwanzig Jahre älter als ich, wurde mir zur Freundin und Beraterin. Wir blieben zwar beim respektvollen »Sie«, aber ihre berufliche Obsorge hatte viel mehr mit Beachtung und Behütung zu tun als mit dem Geld, das ich ihr, als eine Zeitlang allseits gefragte Film-und-Fernsehdarstellerin, natürlich auch einbrachte. Sie beobachtete und beurteilte alles, was ich tat, auch am Theater, mit ihrem untrüglichen Wissen um die Tücken und Gefährdungen in diesem Metier. Ja, sie paßte auf mich auf.

Eines Tages lud sie mich ein, mit ihr nach London zu reisen. Auf ihre Kosten. »Die spielen da jetzt das Pinter-Stück bei euch, und der Peter Hall inszeniert's. San' Sie besetzt«? hatte sie mich gefragt. Nein, gab ich wahrheitsgemäß zur Antwort, keiner hätte auch nur im Ansatz erwogen, mir dabei eine Rolle zu übertragen, der Direktor nicht, die Dramaturgen nicht, ich wüßte nur, daß Maximilian Schell die Hauptrolle spiele. »Eben!« sagte die Baumbauer, »i waß des vom Maximilian. Und den Peter Hall kenn' ich schon lang, den besuchen wir!«

Also flog ich mit ihr von München aus nach London. Zum ersten Mal erfuhr ich diese Stadt, und wir logierten noch dazu im »Dorchester«, diesem berühmten Luxushotel, das damals noch echte englische Vornehmheit besaß. Als ein Butler – was sonst, hier in London, als ein Butler? dachte ich – am Morgen mein Zimmer betrat, leise und höflich die schweren Vorhänge öffnete und mir den »early morning tea« ans Bett stellte, fühlte ich mich wie im Kino. Wie in einem dieser tollen Filme des tollen englischen Senders BBC, die meine Vorstellung von England und der britischen Lebensart geprägt hatten.

Tags darauf fuhren die Baumbauer und ich mit der Bahn nach Glyndebourne, wo Peter Hall gerade eine Oper für das dortige Musikfestival inszenierte. Schon während der Hinreise entzückte mich die frühsommerliche englische Landschaft. Doch dann das weitläufige Schloß, umgeben vom riesigen Park, ein Blühen und Duften, aus allen Fenstern des Gebäudes drangen Musik und Gesang – ich hatte den Eindruck, in ein Paradies der Künste und Naturschönheiten geraten zu sein. Und schließlich konnten wir in einer Probenpause den Regisseur Peter Hall begrüßen. Ein stattlicher, dunkelbärtiger Mann mit durchdringenden Augen und einem gewinnenden Lächeln schloß Frau Baumbauer mit »Erna! Dear!« in seine mächtigen Arme. So heftig tat er es, daß diese »Please Peter!! Stop!!« kreischte und sich lachend aus seiner Umarmung löste. Sie war, entgegen ihrer deftigen Münchner Ausdrucksweise, eine überschlanke, elfenhaft zarte und blonde Frau und wirkte fast zerbrechlich. Ihr Haar war stets aufgesteckt, das Gesicht rosig-sommersprossig, Brauen und Wimpern, ebenfalls weißblond, umgaben zwei blitzend blaue Augen, die, ähnlich denen eines wachsamen Vogels, ständig in Bewegung waren und alles um sich herum wahrnahmen. So auch jetzt die Art und Weise, in der Peter Hall sich mir freundlich, aber prüfend zuwandte, und wie ich darauf reagierte. Es war anders als bei meinem geliebten Käutner, bei allem Wohlwollen, das Hall an den Tag legte, begegnete ich bei ihm eben doch der kühlen, englischen Art. Später erfuhr ich, daß ihn seine Schauspieler und Mitarbeiter »the iron butterfly« zu nennen pflegten. Ja, schmetterlingsleicht sein Lächeln, seine Höflichkeit, doch bald fühlte man eine eiserne Unerbittlichkeit durch all dies hindurchdringen.

Aber unser beider Gespräch in Glyndebourne, das ich mit meinem mühsamen Englisch bestritt, führte dazu, daß er schließlich versicherte, mich als Besetzung für die zweite Frauenrolle im Dreipersonenstück »Old Times« zu verlangen. Mehr noch: darauf zu bestehen! Frau Baumbauer war sichtlich zufrieden, und ich bedankte mich. Er lud uns ein, etwas später am Nachmittag ihn und seine damalige Ehefrau Leslie Caron im gemieteten Landhaus doch noch »just for a drink« zu besuchen. Und dort war mir dann überhaupt zumute, als schwebte ich durch einen Traum! Leslie Caron! Ein wenig älter als in den Filmen, die ich mit ihr gesehen hatte, aber ganz genau Leslie Caron! Diese unverwechselbaren Augen! Und nett war sie! Und lustig! Eine ganz normale Frau, die mir Whisky anbot.

Ich fühlte mich reich beschenkt und versuchte im Bahnabteil nach London zurück meine Dankbarkeit in Worte zu fassen. Aber Frau Baumbauer winkte sofort ab. »Gehn's«, sagte sie, »ich hau' denen, die net wissen, wo die wirklichen Schauspieler san und wo die unnötigen, immer gern was zwischen die Füß'. Und daß Sie des spielen müssen, war eh klar.«

Am Theater reagierte man zwar verdutzt, jedoch auf des Regisseurs eisernen Wunsch hin erhielt ich also die Rolle in »Old Times«. Wir probten sogar zu Beginn ein paar Tage in Glyndebourne, da Peter Hall von dort noch nicht wegkam und für unser Stück bereits verpflichtet war. Da er zweierlei Regiearbeiten zu leisten hatte, wurden wir Schauspieler nicht überanstrengt, hatten Muße, und zu meinem Entzücken lag die weite Parklandschaft während dieser Probenzeit wieder üppig blühend und sommerlich warm um das Schloß ausgebreitet. Ich konnte herumwandern und mich fühlen wie eine der Frauen in Jane Austens Büchern.

Daheim jedoch setzte dann der Ernst des Erarbeitens ein, der »eiserne Schmetterling« forderte, und er forderte in einer Weise, die all meinen weiteren Theaterarbeiten zugute kommen sollte. Ein Stück von Harold Pinter unter Peter Halls Regie zu spielen war eine einzige Belehrung gegen jede Theater-Torheit. Peter Hall hatte ja alle Stücke Pinters uraufgeführt, und zu unserer sehr erfolgreichen Premiere war der Autor sogar angereist, und ich durfte auch ihn kennenlernen. Er sah so gut aus damals, hochgewachsen, schlank, dunkle Brille, dunkles Haar, gut geschnittenes Sakko – mit ihm fotografiert zu werden empfand ich als Ehre. Und weit mehr noch ehrte es mich, als er mir versicherte, ich hätte mit meiner Darstellung ganz seiner eigenen Vorstellung dieser Figur entsprochen. Es war eine wunderbare Premierenfeier! Obwohl ich vorerst, noch in der Garderobe, von meinem zweiten, jungen Ehemann in einem Anfall von Eifersucht auf kindische Weise brüskiert wurde. Der Erfolg des Abends hatte ihn, der sich selbst von der Welt noch nicht in einer Weise geliebt und bewundert sah, wie er meinte, daß ihm längst zustünde – und wie es sich später für ihn ja auch glanzvoll ergab, bis hin zu internationalem Ruhm – in eine unreflektierte Wut versetzt. Ich, noch erhitzt und beglückt vom langen Applaus, erlitt durch ihn eine kalte Dusche böser Ablehnung, die mich kurz in

Tränen ausbrechen ließ. Warum nur habe ich dieses egoistische Kind geheiratet! dachte ich.

Aber dann raffte ich mich auf, ließ meinen Ehemann Ehemann sein und ging alleine davon, um mit allen Beteiligten diese mehr als geglückte, bejubelte Premiere zu feiern. Erna Baumbauer war dabei und stolz, mich in diese Arbeit eingeschleust zu haben. Sie war stolz, obwohl sie dabei an mir, weil ja fest am Theater engagiert, nicht einen einzigen Pfennig verdiente. Sie war stolz, das für mich durchgesetzt zu haben. Und sie wollte es für mich durchsetzen, weil sie wußte, wie sehr es mich als Schauspielerin bereichern und weiterbringen würde. Genauso, wie sie später wußte, daß gerade die Schauspielerei nicht mehr das Wahre für mich ist.

Ich denke, es reicht es für heute, sagt die Frau.
Der Redakteur lächelt. Ich werde jetzt zusammenpacken und gehen. – Aber nur noch eines –
Ja?
Warum war auf einmal die Schauspielerei nicht mehr das Wahre für Sie?
Ich schrieb Bücher. Ich musizierte. Dem Theater mußte ich irgendwann entrinnen, es hatte jahrzehntelang mein Leben bestimmt, und im Älterwerden wurde es mir langweilig. Als mir immer wieder Rollen in unzähligen Fernsehserien angeboten wurden und ich die ablehnte, hat Erna Baumbauer das immer ver-

standen. Sie hat jede Absage von mir verstanden. Nie waren meine Gagen und ihr Verdienst dabei das Ausschlaggebende für sie. Sie las meine Bücher. Ihr gefiel, daß ich schrieb. Des is g'scheiter, sagte sie. Wenn ich in München war, trafen wir uns zu Weißwürsten im Franziskaner, oder beim Käfer, und blieben einander auch ohne berufliches Zusammenwirken freundschaftlich verbunden. Sie war es übrigens auch, die mich überredete, dieses Haus hier zur Gänze zu übernehmen, ich konnte es plötzlich überraschend kostengünstig erwerben. Wann's des net tuan, is' aus zwischen uns! hatte sie sogar gedroht und es wohl nicht nur scherzhaft gemeint. Ich hatte mich anfangs prinzipiell gegen Besitz, gegen das Besitzen verwehrt. Bis ich verstand, daß dieses Haus mich haben wollte. Jetzt liebe ich es mehr, als je in dem Gefühl zu leben, es zu besitzen. Ein wenig bin ich dieses Haus.

Ja, sagt der Redakteur, Sie sind dieses Haus, und dieses Haus ist wie Sie. Ihre Erna Baumbauer sei gesegnet. Und nicht nur deshalb, sagt die Frau.

18

In der offenen Haustür stehen die Frau und dieser
Mann, der eine Weile verreist war und dessen Schritte
ab und zu im oberen Stockwerk zu hören sind, einander gegenüber. Sie scheinen irgendetwas ziemlich
heftig zu erörtern und nicht ganz einer Meinung zu
sein. Bis beide auflachen. Dann tauschen sie einen
flüchtigen Kuß, der Mann nickt im Vorbeigehen dem
Redakteur zu und steigt in ein vor dem Haus gepark-
tes Auto. Der Motor wird angelassen, und der Wagen
rollt durch die stille Gasse davon.
Kommen Sie nur! Herein mit Ihnen! ruft die Frau dem
Redakteur zu, ich habe Sie schon erwartet!
Das freut mich – aber ich bin doch nicht zu spät? sagt
der Redakteur und folgt der Frau in das Haus. Sie
scheint heute bester Laune zu sein, denkt er. So schön
wäre es jetzt im Garten, herrliche Frühlingssonne,
aber sie will sich ja nur in Innenräumen erinnern.
Aber nein, Sie sind nicht zu spät, sagt die Frau und
nimmt auf dem Sofa Platz, aber ich habe nachgedacht
und muß mit Ihnen reden. Nehmen Sie vom Tee und
geben Sie mir bitte eine Zigarette.
Was kommt jetzt wohl auf mich zu? denkt der Redakteur, während er schweigend gehorcht. Ein Strich
durch die Rechnung? Will sie unser Buch nicht mehr?
Die Frau nimmt ihm das Feuerzeug aus der Hand,
zündet ihre Zigarette an und raucht.

Wissen Sie, sagt sie dann, nachts dachte ich plötzlich –
daß irgendwie – ja, irgendwie an unseren Gesprächs-
nachmittagen bereits alle Themen meines Lebens berührt worden sind. Ganz ehrlich, finden Sie das nicht
auch?

Der Redakteur schaut die Frau an.

Wie soll ich das beurteilen, sagt er dann. Ihr Leben
gehört, wie jedem Menschen, einzig Ihnen selbst, und
nur Sie können diese Frage beantworten. Aber so auf
Anhieb – also als sozusagen Außenstehender – würde
mich zum Beispiel interessieren, wer Ihren politischen
Weg – oder Ihre politische Entwicklung – wie auch
immer – wer das vielleicht beeinflußt hat? Woher dabei Anstöße kamen? Und ein politischer Mensch waren und sind Sie ja allemal!

Aber nur im übergeordneten Sinn! erwidert die Frau
rasch.

Sie überlegt und dämpft dann die Zigarette aus.

Sie können wieder aufnehmen, sagt sie, Sie haben völlig recht, darüber sollten wir vielleicht noch reden.

Freut mich, sagt der Redakteur, kann losgehen.

Sehr früh hatte ich das Glück, über Verbrechen
der Vergangenheit politisch aufgeklärt zu werden,
und das zu einer Zeit, in der nur verdrängt und
verschwiegen wurde. In meinem Gymnasium unterrichtete eine Geschichtsprofessorin, die uns, im
Gegensatz zu fast allen Schülern und Schülerinnen

meiner Generation, nicht im geringsten schonte. Die nicht so tat, als hätte die Geschichtsschreibung vor dem »Dritten Reich« zu existieren aufgehört. Die uns alles über den Nationalsozialismus, über Hitler, die Judenverfolgung, die Shoa wissen ließ. Bis hin zu Schmalfilmen, die sie uns im verdunkelten Zeichensaal zeigte, was Mitschülerinnen dazu brachte, schluchzend hinauszulaufen, um auf der Toilette zu erbrechen. Es waren Aufnahmen, die nach dem Krieg bei der Befreiung überlebender jüdischer Häftlinge in Konzentrationslagern entstanden waren. Ich sah die skelettartig abgemagerten Menschen, sah Leichenberge, absurde Anhäufungen alter Schuhe, auch Kinderschuhe, ich sah all dies in flimmernden, grauschwarzen Bildern, laut surrend, auf die Wand im Zeichensaal geworfen, und ich begriff, starr vor Entsetzen, daß dies keine Fiktion war, sondern leibhaftiges, von Menschen erlebtes Grauen. Ein Grauen, für das es keine Worte mehr gab.

Daheim hingegen fand ich Ströme an Worten, meine Eltern schreiend, ja brüllend zu beschimpfen und zu beschuldigen. Sie waren ja auch Nazis gewesen. Meine Mutter von Anfang an mit inneren Widerständen kämpfend, aber Mitläuferin, mein Vater anfangs dumm-gläubig in der Partei tätig, aber gegen Ende vor dem, was zu wissen er nicht mehr ertrug, freiwillig als gemeiner Soldat an die Front geflüchtet. In englischer Kriegsgefangenschaft erfuhr er das Ende des »Tausendjährigen Reiches«. Ich liebte meine Eltern, aber jetzt geriet ich in einen quälenden Zwiespalt, mir war, ich müsse sie hassen, es sei meine Pflicht. Mit diesem Haß, der einem Grauen galt, das ich nicht verstand und nicht verstehen wollte, beschimpfte und verfluchte ich sie. Beide schwiegen und wehrten sich nicht.

Es gab aber Eltern, die in heller Aufregung ins Gymnasium stürmten und sich über diese Geschichtsprofessorin beschwerten. Sie hieß Eleonore Zimmermann, ihren Namen vergesse ich nie. Eine hochgewachsene, schlanke Frau war sie, ging immer leicht gebeugt, in flachen Schuhen, und war achtlos gekleidet. Aber das leicht wellige, aschfarbene Haar und ihr sonnengebräuntes Gesicht mit den hellen, klugen Augen ließ sie fast hübsch aussehen, mir jedenfalls gefiel sie damals sehr, bis hin zu einer jugendlichen Schwärmerei.

Daß nun diese Frau Professor Zimmermann trotz der Empörung so mancher Eltern, die »eine so unerhörte, verlogene« Belehrung ihrer Kinder nicht dulden wollten, weder gerügt noch aufgehalten wurde, weiterhin den Geschichtsunterricht in ihrer Weise fortzusetzen, lag wohl auch an der Direktorin des Gymnasiums. Frau Doktor Stella Klein-Loew war sozialdemokratische Jüdin und außerdem Abgeordnete im Parlament. Sie unterrichtete uns in Latein und konnte in dieser Sprache sogar so angeregt plaudern, als sei dies eine lebende. Obwohl eine wirklich unschöne Frau, klein, dick, das Gesicht unter dem dünnen Haar wie plattgedrückt, war sie selbstsicher, hochintelligent, karrierebewußt und gleichzeitig auf liebevollste, zarte Weise mit ihrem Ehemann verbunden. Die beiden hatten in England überlebt. Sie blieb auch nach meiner Gymnasialzeit noch eine Weile mit mir in Verbindung und schätzte meinen beruflichen Werdegang. Die Gespräche mit ihr, wenige Male bei dem Ehepaar zum Tee geladen, schärften nochmals meinen überzeugten Antifaschismus, den ihre Schule in mir wachrufen konnte und der bis heute nicht verstummt ist, den ich nie mehr verlor.

Da ich meine Eltern so früh verdammen, beschimpfen und mit Verachtung strafen konnte, gelang es mir, ihnen später – die Nazi-Vergangenheit nach wie vor verabscheuend – mit Toleranz zu begegnen.

Die Frau stockt und lehnt sich zurück. Ja, ich hatte sie trotzdem lieb, meine Eltern, sagt sie, beide fehlen mir heute noch.

Man hört ja meist anderes, sagt der Redakteur, immer wieder ging und geht es um die Verwirrungen und psychischen Schäden von Nazi-Kindern, von Nazi-Nachkommen, die sich mit den Eltern nicht versöhnen können oder wollen.

Ja, und das ist mehr als verständlich, sagt die Frau. Glauben Sie mir, das bleibt für meine Generation ein unlösbares Dilemma. Sie sind jünger, Ihre Eltern waren wohl selbst nur Kriegskinder, oder?

Meine Eltern waren Bauernkinder, erlebten den Krieg am Land, sagt der Redakteur. In der Nachkriegszeit haben sie die nationalsozialistische Ideologie zwar noch kräftig mitbekommen, aber gottlob nicht übernommen. Mein Großvater war auch Nazi, ich hab mit dem uralten Mann noch heftig gestritten.

Ach ja, seufzt die Frau. Dann greift sie zur Teekanne. Wollen Sie auch?

Ja, gern.

Ein lauer Wind streicht durch das offene Fenster bis zu ihnen her. Die Frau lächelt.

Sie, Herr Redakteur, säßen jetzt lieber draußen, stimmt's?

Alles in Ordnung so, sagt er.

Machen wir weiter, sagt sie.

Was ich politisch kaum wahrnahm, waren jedoch die berühmten »Achtundsechziger«. In diesen Jahren war ich menschlich viel zu beladen, um Politisches mehr als nur am Rande wahrzunehmen.

Das änderte sich ein wenig, als Bruno Kreisky die

politische Landschaft unseres Landes zu bestimmen begann. Ich bejahte aus vollem Herzen seine Sozialdemokratie, war dann aber doch ziemlich heftig dabei, als es darum ging, gegen den geplanten Bau eines Atomkraftwerks Widerstand zu leisten und sich für den Erhalt von ökologisch schützenswerten Auwäldern einzusetzen.

Aber einen mich damals aufwühlenden, mir unvergeßlichen politischen Impuls gaben mir die Eindrücke der sogenannten »Nelkenrevolution« in Portugal. Nachdem man in diesem Land eine jahrzehntelange Diktatur von heute auf morgen mit friedlichen Mitteln stürzen konnte, ein Geschehen, das damals die Welt aufhorchen ließ, erlebte ich dort die Zeit des Aufbruchs nach dieser gewaltlosen Revolution. Ich kam mit dem portugiesischen Musiker bald nach dem berühmten 25. April 1974 nach Portugal. Die Stadt Lissabon jubelte, Intellektuelle und Künstler feierten eine neue Freiheit. Die Landbevölkerung, zum Teil sehr arm, genoß einen Kommunismus, der gänzlich auf die Bedürfnisse dieses Landes zugeschnitten zu sein schien. Ich erlebte im ländlichen Alentejo, der Gegend südlich von Lissabon, auf einem großen Bauernmarkt den kommunistischen Anführer dieser Tage, Álvaro Cunhal. Er war ein Herr, ein nobler, grauhaariger, portugiesischer Herr. Tiefe Verehrung und gleichzeitig eine unbekümmert temperamentvolle

Stimmung von Eintracht und Gemeinsamkeit herrschte um ihn, die mir unvergeßlich bleiben wird. Es war, als hätte eine Utopie sich verwirklicht. Der Musiker trat bei dieser politischen Veranstaltung auf, er spielte auf einem uralten Klavier, aber die Leute applaudierten ihm begeistert zu, sie sangen im Chor, begannen zu tanzen, rund um mich glänzende Gesichter und Umarmungen, alles schien in Lebensfreude und Menschenliebe getaucht, wie ich es noch nie irgendwo erlebt hatte. Ich war hingerissen. Der Musiker hatte bei diesem Umsturz eine politische Rolle gespielt, das Volk schien ihn zu lieben, »Maestro!!« rief man ihm zu. Durch ihn erfuhr ich von all den revolutionären Veränderungen in seinem Land – und auch vom vorläufigen Abtauchen der unter dem Diktator Salazar mächtigen Familien, alles reiche Landbesitzer, die man ihrer Macht beraubt habe und die, wie er befürchtete, gefährlich lauernd ihrer Rückkehr sicher seien.

Leider eine Befürchtung, die sich später bewahrheiten sollte. So wie jede zur Wirklichkeit gewordene Utopie nur für begrenzte Zeit bestehen kann. Aber noch schien dieses Land Portugal zu neuem Leben erwacht zu sein.

Es war ein erster Mai in Lissabon. Das Volk strömte durch die Straßen, Sprechchöre ertönten, Lieder der Revolution wurden gesungen, Fahnen geschwungen, ich taumelte ein wenig, als ich mich an der Seite des Musikers von der erregten Masse vorwärtsschieben ließ. Wir gelangten in die Rua Gomes Freire. Plötzlich ein Stillstand. Auf dem Balkon eines alten, herrschaftlichen Hauses traten einige Männer an die Brüstung, und gellendes Jubelgeschrei brach aus. »Du siehst? Oben diese drei? Sind die führende Köpfe von unsere schöne Revolution!« erklärte mir stolz der Musiker. Plötzlich aber schienen die Herren ihn in der Menge wahrgenommen zu haben, sie riefen, besser brüllten seinen Namen, »Maestro!« schrien sie und deuteten ihm heftig, doch zu ihnen auf den Balkon hinaufzukommen.

»Ich warte hier unten, geh' du nur 'rauf!« sagte ich, aber der Maestro packte meine Hand und zog mich an Wachposten vorbei, die ihm lächelnd zunickten, durch das Haustor, dann die Treppen aufwärts und in die Räume der Revolutionäre. Sofort schubste man ihn in Richtung Balkon, er aber ließ meine Hand nicht los und zerrte mich mit. Als die Herren ihn erspähten, gab es lautstarkes Begrüßen, Schulterklopfen und Umarmungen. Dann stellte der Maestro mich vor. Was er auf Portugiesisch sagte, konnte ich nicht verstehen, aber die Männeraugen ruhten bei seinen Worten wohlgefällig auf mir, und das verstand ich. Sie legten ihre Arme wohlwollend um meine Schultern und schoben mich ganz nach vorn, an die Brüstung des Balkons. Da stand ich nun zwischen Costa Gomes, Vasco Gonçalves, Rosa Coutinho, den Helden der Revolution, während der Maestro sich mehr im Hintergrund aufhielt. Vor uns jubelte die Menge, die Menschen winkten uns zu. Und da die Herren neben mir mich lebhaft zwinkernd und gestikulierend dazu aufforderten, es ebenfalls zu tun, hob also auch ich meinen Arm und winkte zurück. Kurz kam ich mir vor wie Evita Perón! Mir strahlten jetzt hochgewandte Gesichter entgegen, man schrie, man lachte, man sang und jubelte, hunderte Augen waren auf mich gerichtet. Die Schauspielerin in mir genoß das wie eine Rolle im Film, gleichzeitig jedoch mußte ich mein Lachen bezwingen. Der Maestro hinter mir aber lachte unbändig, er fand diesen Auftritt – ich im Kreis der Revolutionäre, huldvoll winkend den Jubel der Menge entgegennehmend – einzigartig! Es wurde dies zu einem gemeinsamen Erlebnis, das uns später, auch wenn dunkle Empfindungen uns beschatteten, sofort wieder in fröhliche Stimmung geraten und auflachen ließ, sobald wir uns daran erinnerten.

Und dunkle Schatten fielen in den Jahren danach auch auf mein geliebtes Portugal, es geriet aus die-ser revolutionären Aufbruchsstimmung langsam, aber unaufhaltsam in eine halbseidene, korrupte, von Profit und Verarmung geprägte, »demokratisch« genannte politische Realität zurück. Mehr und mehr Portugiesen kamen zur Auffassung, unter dem geschmähten Diktator Salazar sei es dem Land besser ergangen als jetzt. Diese Meinung schmerzte jeden, der sich 1974 am Kampf um Freiheit und Demokratie beteiligt hatte, auch den Musiker natürlich. Öffentlich, und deshalb oft angefeindet, kritisierte er die politischen Zustände in Portugal wieder mit wachsender Schärfe.

Die Frau schaut hinaus in den besonnten Garten. Dann wendet sie sich dem Redakteur wieder zu.
Wobei die in Portugal extrem grausam ausgebrochene wirtschaftliche Krise – wieder bitterste Armut, Arbeitslosigkeit, Emigration – wobei ihm all das jetzt auf tragische Weise recht gibt. Es geht ihnen echt dreckig dort.
Sind Sie nach wie vor oft in Portugal? fragt der Redakteur.
Die Frau lächelt ihn an. Sie meinen, auch ohne den Maestro?
Ich meine, überhaupt.
Ich bin immer wieder einmal in Lissabon, und vor allem immer wieder einmal im Alentejo und am portugiesischen Atlantik.
Verreisen Sie oft? fragt der Redakteur.
Meist nur beruflich, sagt die Frau, und möglichst nie wie ein Tourist. In Portugal bin ich mit allem so ver-

traut, daß ich Gast sein kann. Einfach Gast. Früher, in jungen Jahren, hatte ich manchmal Lust, zu reisen. Aber ein Reisender zu werden, wird einem durch das touristische Spektakel unmöglich gemacht, man gerät, ob man will oder nicht, in diese quälenden Abläufe, die an Massentierhaltung gemahnen, vor allem auf Flughäfen. Aber auch dort, wo etwas würdig wäre, daß man es sich ansähe, wird es zur vermarkteten Sehenswürdigkeit herabgewürdigt –

Der Redakteur lacht auf. Was für eine wilde Abwehr!

Ja, sagt die Frau. Abwehr ist gut. Ich wehre es von mir ab, genau! Und bleibe genau deshalb zu Hause, ohne vor meinem Tod die ganze Welt gesehen zu haben. Hier, in diesem Haus, in diesem Garten, in dieser Stille. Aber Schluß jetzt damit, ich kehre zurück zu unserer Aufnahme, ja?

Ja. Läuft.

Trotzdem blieb ich noch längere Zeit von dem revolutionären Geist in Portugal beatmet, der nichts mit Blut und Gewalt zu tun hatte, aber viel mit Widerstand, Erneuerung und Aufbruch. Und dieser Atem brachte mich dann, es konnte garnicht anders sein, mit der in Deutschland entstehenden Friedensbewegung in Verbindung – übrigens folgerichtig parallel zur Frauenbewegung.

Ich war mit dem portugiesischen Musiker bei den beiden ersten großen Friedenskonzerten in

Bochum und Dortmund dabei. Er dröhnte am Klavier, und ich schmetterte unsere Lieder mit missionarischem Ernst und Eifer den tausenden Friedensbewegten im jeweiligen Stadion entgegen. Ich glaubte damals inbrünstig an eine mögliche Veränderbarkeit des Menschen. Da ich selbst mich gerade verändert hatte, selbst gerade erst politisch erwacht zu sein schien, glaubte ich daran. Noch völlig ungeschult und naiv, aber von einem Erleben geprägt, das mit Freiheit, Brüderlichkeit und Liebe zum Mitmenschen zu tun hatte, glaubte ich daran. Ich fühlte mich berufen, ja aufgerufen, von der, wie ich meinte, dem Menschen unerläßlichen Wahrheit zu sagen und zu singen, und war voll des Vertrauens, die Menschen würden mich verstehen. Mir selbst und meiner eben erst erworbenen Gewißheit, »die Wahrheit« zu kennen, vertraute ich ebenfalls, ich war unschuldig und überheblich zugleich, wie jeder Unerfahrene, den eine erste Erfahrung überwältigt hat.

Ich lernte damals Petra Kelly und Gert Bastian kennen, für mich Gallionsfiguren der Friedensbewegung. Wir trafen uns einige Male, und ich schätzte die beiden sehr. Mit Petra ergab sich sogar ein kurzer Briefwechsel, sie schrieb mir klug und voll Sympathie. Sie war mir damals Vorbild – eine kämpferische Frau, die gewaltlos gegen die Gewalt auf Erden antreten und die Welt verändern wollte.

Außerdem gefiel mir diese eigenwillige Liebe zwischen ihr und dem ehemaligen Militär Bastian – es war in keiner Weise abzusehen, wie tragisch diese zwei Menschen später zugrunde gehen würden, isoliert, verwirrt, er tötete Petra und dann sich selbst –

Aber damals, zur Zeit der Friedenskonzerte, leuchteten sie.

Auch Harry Belafonte, der daran teilnahm, machte einen tiefen Eindruck auf mich. Obwohl seine Stimme damals schon brüchig war, konnte er mit seiner Botschaft die Menschen wie eine Woge an sich reißen. Man glaubte ihm. Ich glaubte ihm. Als wir auf dem unterirdischen Gang eines Stadions ein paar Worte wechseln und einander die Hand reichen konnten, wurde das kurze Lächeln zwischen uns für mich zum Geschenk.

Es ergaben sich also in diesen Jahren für mich emotionale Hinwendungen zum politischen Geschehen, die ich vorher in solcher Dringlichkeit nicht erfahren hatte. Ich hatte vorrangig in meiner eigenen Welt gelebt, obwohl immer auch »öffentlich«. Lange Zeit war mir dieser Spagat gelungen. Jetzt aber machte ich meine Augen auf und sah mich um. Auf Erden sah ich mich um und in meiner näheren Umgebung. Ich wurde zu einer sogenannten »engagierten« Künstlerin – obwohl ich diesen Ausdruck nie leiden konnte, gemahnt er doch zu sehr an das Engagement von Schauspielern am Theater, und mit der Schauspielerei sollte eine politische Haltung doch nichts zu tun haben! Aber bald gab es die »Künstler für den Frieden«, und bald gab es auch deren Vermarktung. Sich für gesellschaftspolitische Veränderungen einzusetzen, gegen Unrecht, Gewalt, Rassismus aufzutreten, wurde schick. Klarerweise folgten meiner Illusion einer schöneren, besseren, von Liebe erfüllten Welt recht bald die unausbleiblichen, bitteren Desillusionierungen. Aus einem Protest-Lied, das Freiheit und Solidarität forderte, ließ ich tief enttäuscht eine »Hymne auf das Unerreichbare« werden. Und der von mir oft besungene Begriff »Trotzdem« gewann für mich immer stärker an Bedeutung.

In meinem Land machte sich mehr und mehr ein neuer, alter Rechtsextremismus breit, der vom Jungpolitiker Jörg Haider ausging und rasch aufblühte. Natürlich hatte das Nazi-Erbe sich bewahrt, und dem weiterhin schwelenden Antisemitismus wurden neue Facetten an Rassismus und eine grassierende Ausländerfeindlichkeit hinzugefügt.

Zwar hatte ich Jahre davor, nach meiner zweiten Heirat, bereits anonyme Briefe ins Theater erhalten, die mit getrocknetem Menschenkot gefüllt waren, weil ich »diesen Scheiß-Juden« geehelicht hätte. Die Garderobieren begannen meine Post sehr sorgfältig zu überprüfen, bevor sie mir Briefe übergaben. Das entsetzte mich natürlich, aber ich war damals noch geneigt, es als Tat eines oder einer »Irren« anzusehen. Jetzt aber wuchsen solche Einstellungen wieder auf, der Rechtspopulismus wirkte, die Anhängerschar des Jörg Haider vermehrte sich rapide. Ich schrieb ein Spott-Lied über ihn, das wir in den Konzerten sangen. Ich trat in Interviews und im Fernsehen gegen ihn auf. Und ich erhielt wieder anonyme Briefe. Vor allem nach dem Tod meiner Tochter. Ihr Tod »geschehe mir recht«, las ich da – weil ich »gegen den Jörgl« sei!

Nein! sagt der Redakteur.

Ja, sagt die Frau.

Dazu fehlen mir die Worte, sagt der Redakteur.

Mir auch, antwortet die Frau, ist auch besser so.

Ich werde jetzt wohl einpacken und gehen.

Gut.

An der Tür reichen die beiden einander die Hand.

Sollten Sie nicht einmal als Bundespräsidentin kandidieren? fragt der Redakteur.

Ach du meine Güte, antwortet die Frau, das wissen sogar Sie? Es war nichts anderes als eine erste Anfrage, und ich lehnte gleich ab. Ähnlich, als es um das Amt einer Kulturministerin ging. Aber diese Zeit, als man mich in politische Ämter holen wollte, liegt lange zurück.

Schade, sagt der Redakteur.

Dem Himmel sei Dank, sagt die Frau.

19

Die Fenster sind geöffnet, trotz des Regenrauschens ist
es frühlingshaft warm draußen.
Was sagt denn eigentlich Ihre Katrin? fragt die Frau.
Sie hat doch sicher auch den Eindruck, sich mit dem
Abschreiben genügend lang geplagt zu haben und daß
unser Material langsam ausreicht.
Ganz und gar nicht, sagt der Redakteur. Gestern hat
sie mir gesagt, daß die Frauenbewegung nur ganz am
Rande erwähnt worden sei, daß die nicht wirklich
vorkäme und daß ihr, Katrin, dieses Thema fehle.
Ach ja? Das fehlt ihr?
Ja. Katrin ist durch und durch frauenbewegt.
Dann will ich sie aber auch nicht enttäuschen! Und es
war ja so. Abgesehen von meinen eigenen Bemühun-
gen, mich zu emanzipieren, griff natürlich auch die
Frauenbewegung der sechziger, siebziger Jahre nach
mir. Einerseits, weil sie mich darin bestärkte, mein
hart erkämpftes Bestehen als selbständige Frau weiter
zu verteidigen, andererseits, weil sie mein öffentliches
Bild als Frau für sich nutzte.
Nehmen wir weiter auf? fragt der Redakteur.
Also gut, sagt die Frau. Sie sind sehr beharrlich.
Bin ich. Kann losgehen.

Ich las natürlich Simone de Beauvoir. Anaïs Nin.
Franziska Gräfin zu Reventlow. Lou Andreas-Sa-

lomé. Isabelle Eberhardt. Virginia Woolf. Susan Sontag. Ich las alles von und über Frauen, was mir in die Hände kam, und das gab mir eine gewisse Orientierung. Aber wegen einiger meiner Fernsehrollen, wegen ein paar von mir mit dunkler Stimme verführerisch interpretierter Chansons – und wohl auch, weil mein Privatleben in den Medien in dieser Weise wirkte – konnte ich es trotzdem nicht verhindern, als sogenannte »femme fatale« zu gelten. Dieser abstruse Begriff klebte lange Zeit an mir, und das in Jahren, die ich in keiner Weise als fatale, sondern maßgeblich als hart arbeitende und eigenverantwortliche Frau durchlebte. Es bedurfte einer Menge Konsequenz und Beharrlichkeit, mich auch für das Auge der Öffentlichkeit wieder in das zu verwandeln, was ich als weiblicher Mensch immer gewesen war. Und langsam gewann ich sogar eine Art Vorbildfunktion, ich wurde die Alibifrau in Fernseh-Talks, man lud mich zu Frauentagungen, Frauenveranstaltungen und Diskussionen mit Frauen.

Und eines Tages meldete sich Alice Schwarzer bei mir. Sie käme demnächst angereist und wolle sich am Theater eine Vorstellung ansehen, in der ich spielen würde, und zwar Musils »Die Schwärmer«. Gern würde sie in diesen Tagen auch für ihre Zeitschrift »Emma« ein Interviewgespräch mit mir führen, ob ich Zeit und Lust dazu hätte? Beides hatte ich natürlich. Es ehrte mich, mit dieser sowohl angefeindeten als auch bewunderten Kämpferin für Recht und Würde von uns Frauen zusammenzutreffen. Sie besuchte also die Vorstellung, von der sie überaus angetan war. Tags darauf arrangierte ich in meinem Haus ein Fest für das ganze Ensemble, ein sogenanntes Schwärmer-Fest, zu dem ich sie ebenfalls einlud. Sie kam und überraschte alle mit ihrer uneitlen, unbefangenen Heiterkeit. Eine Alice Schwarzer so zu erleben, hatte man nicht erwartet. Fotos wurden gemacht, wir gruppierten uns im Garten in schwärmerischen Posen, und sie spielte da gern und witzig mit.

Aber wir beide hatten am folgenden Nachmittag ein ernsthaftes, ausführliches, lange währendes Gespräch. Auf ungemütlichen Stühlen unter der Hängelampe am kleinen Tisch in meiner Küche blieben wir sitzen, da wir, als ich uns Kaffee zubereitete, nebenbei zu reden anfingen und dann rasch so intensiv beim Thema waren, daß wir nicht mehr an einen Ortswechsel dachten. Alice machte mir einiges klar, das mir in dieser Weise noch nie bewußt geworden war, ich konnte durch sie Geschehnisse in meiner Vergangenheit als Frau neu beleuchten. Vielleicht gingen wir sogar als Freundinnen auseinander, jedenfalls hatte ich damals diesen Eindruck.

Der Artikel in der »Emma« erschien, sogar mit einem Foto von mir auf der Titelseite, und mein Ruf als »Emanze«, der mir bereits ein wenig anhing, wurde dadurch für die nächsten Jahre unverrückbar festgemauert. Ja, aus einer von Männern bewunderten »femme fatale« zu einer von Männern gefürchteten »Emanze« zu werden, das ist mir in ein und demselben Frauenleben gelungen!

Der Redakteur lacht auf. Ist schon eine Leistung!

Nicht wahr? sagt die Frau.

Und was sind Sie eigentlich jetzt? fragt der Redakteur.

Ich hoffe, einfach ein Mensch.

Aber doch nach wie vor eine Frau?

Schließt denn das eine das andere aus?

Jetzt haben Sie mich.

Ja, hab ich, sagt die Frau und lehnt sich ins Sofa zurück.

Draußen rauscht immer noch Regen herab, ein tiefer dunkler Himmel steht zwischen den Bäumen, es ist düster im Zimmer.

Wissen Sie, sagt die Frau, bei allem und jedem ist es schwer, Balance zu finden und nicht fundamentalistisch zu werden. So auch bei weiblicher Selbstbehauptung. Ich denke, wenn ich an weibliches Elend denke, meist über unsere Grenzen hinaus. Auf einem Großteil der Erde sind Frauen entrechtet, Gewalt ausgeliefert, von Bildung ausgeschlossen, mißhandelt und gequält. Sicher, auch ich wurde geschlagen und erlebte häusliche Gewalt, aber hierzulande gibt es immerhin die Chance, sich als Frau zu befreien und menschenwürdig leben zu können. Wenn nicht fundamentalistische Gruppierungen sich etablieren und das wieder zunichte machen –

Die Frau seufzt auf und schaut vor sich hin.

Entschuldigen Sie, sagt der Redakteur, nur eines – ist Alice Schwarzer Ihre Freundin geblieben?

Die Frau hebt den Blick.

Wir hatten zwar eine Weile fast freundschaftlichen Kontakt, sagt sie. Sogar folgte ich ihrer Aufforderung und schloß mich der Klage gegen eine auflagenstarke Illustrierte an, bei der plötzlich auf sexistische Weise nur noch die Fotos halbnackter Frauen den Titel schmückten –

Ein Auflachen des Redakteurs unterbricht sie. Dagegen wurde geklagt? fragt er.

Ja, Herr Redakteur, sagt die Frau, heute nicht mehr denkbar, kein Wunder, daß jüngere Kerle wie Sie darüber lachen. Wenn man jetzt die nebeneinander aufgereihten Titelbilder an einem Zeitungskiosk betrachtet, schaut einem ja nur noch nacktes Frauenfleisch entgegen. Aber damals erschien auch mir dieser Trend bei einer Zeitschrift, die inhaltlich einiges Niveau besaß, ebenfalls als dumm verwerflich, ich schloß mich also den Frauen an, die unter der Führung von Alice Schwarzer dagegen Klage erhoben.

Und wurde der Prozeß gewonnen?

Ja. Aber wie auch immer, es erzeugte kurzzeitig Aufruhr und bewirkte langzeitig nichts. Bei der nächsten aufsehenerregenden Kampagne, als eine Schar medial bekannter Frauen öffentlich eingestand: Ich habe abgetrieben, da schloß ich mich nicht an, weil ich schlicht und einfach nie abgetrieben habe. Ich wollte auch dabei nicht lügen. Obwohl ich absolut dafür bin, daß Frauen diese Frage allein entscheiden dürfen. Viele verstanden das nicht. Ich fühlte mich in der Runde militant frauenbewegter Frauen oft auf beklemmende Weise eingekreist, so, als bekäme ich zu wenig Luft. Und auch mit Alice war es für mich irgendwie vorbei, als sie –

Die Frau schweigt.

Ja? fragt der Redakteur.

Nun ja, es mag übertrieben klingen – aber als sie mich nach einer Talk-Show, an der ich teilgenommen hatte – keine Ahnung mehr, welche – aber als Alice mich hinterher im Hotel anrief und meinte, daß durch mein gutes Aussehen meine Aussagen entwertet würden – ich glaube, daß sie das meinte – da ging mir das Ganze plötzlich auf die Nerven. Wieder einem mir abverlangten Frauenbild gehorchen zu müssen. Da fühlte ich mich wieder vereinnahmt und instrumentalisiert. Da war mir auf einmal nicht viel anders zumute als bei all den männlichen Forderungen, die ich doch hinter mir zu haben glaubte.

Die Frau beugt sich vor. Nehmen Sie kurz noch etwas auf? fragt sie.

Nichts lieber als das, sagt der Redakteur.

Sei es die portugiesische Nelkenrevolution gewesen, die Friedensbewegung, die Frauenbewegung – ich wurde letztlich bei allem in ähnlicher Weise belehrt: Menschen können bewegt werden, bewegt sein, sich zu einer Bewegung zusammenschließen. Sobald diese Bewegung sich jedoch festigt, Struktur gewinnt, erstarrt, Machtblöcke entstehen läßt, sollte man aufpassen. Ähnlich der Vereinigung zweier Menschen, die zum Verein Ehe wird. Aufpassen! Ich habe irgendwann beschlossen, möglichst immer wieder zuzulassen, daß etwas mich bewegt, selbst bewegt zu sein, in Bewegung zu bleiben. Mich als Frau selbst genügend zu achten und in meinem öffentlichen Tun verantwortungsvoll das zu vertreten, was ich mir für die Welt wünsche. Be the change you want to see, sagte Mahatma Gandhi, für mich einer der weisesten Sätze auf Erden.

So, und jetzt geben Sie mir bitte eine Zigarette!

Aber gern, sagt der Redakteur, reicht der Frau die Packung, sie wählt, er gibt ihr Feuer, nimmt selbst auch eine Zigarette, und beide rauchen.

Das war aber hoffentlich nicht Ihr Schlußplädoyer? fragt der Redakteur.

Die Frau lacht. Klang es so pathetisch? fragt sie.

Es klang so abschließend.

Nein. Sie haben recht, an einem Regentag, so dunkel wie der heutige, sollten wir nicht aufhören.

Da bin ich aber froh, sagt der Redakteur. Was werde ich ohne diese Nachmittage bei Ihnen wohl anfangen.

Da wird Ihnen schon etwas einfallen, sagt die Frau, aber morgen können wir weitermachen, ich weiß jetzt, von wem ich doch noch berichten möchte. Haben Sie übrigens einen Regenschirm? Es schüttet immer ärger.

Ich kam mit einem Regenschirm, antwortet der Redakteur, und werde mich jetzt mit ebendiesem Regenschirm wieder auf den Weg machen. Darf ich wissen, wer das sein wird, von dem Sie morgen – ?

Morgen, Herr Redakteur, morgen!

20

Sie trinkt schon Tee, sagt Sofia, nachdem sie dem Redakteur die Haustür geöffnet hat, aber schauen Sie bitte erst einmal den Garten an, wie viele Knospen aufgegangen sind nach dem gestrigen Regen!

Herrlich, sagt der Redakteur, wie frisch gewaschen wirkt alles. Und so viel Grün!

Sofia nickt zufrieden und geht voraus. Da ist er! sagt sie.

Danke, sagt die Frau.

Sie sitzt bereits auf dem Sofa, die Teetasse in beiden Händen, und lächelt dem Redakteur entgegen.

Wie gut gelaunt Sie heute wirken, sagt er, macht das die Sonne?

Vielleicht auch, sagt die Frau. Aber nehmen Sie doch erst mal vom Tee. Und hallo übrigens.

Ja, hallo, verzeihen Sie! sagt der Redakteur, die Sonne macht zweifellos auch ein wenig blöde.

Die Frau lacht.

Alle Fenster sind weit geöffnet, in den Baumwipfeln leuchten die Schleier junger Blättchen, der Geruch nach frischem Gras erfüllt den Raum.

Was für ein völlig anderer Tag ist das heute, sagt die Frau, wer konnte sich gestern diese Pracht vorstellen. So leben wir armen Leutchen, immer vom Augenscheinlichen eingekreist.

Außer man gerät in ein anderes, inneres Bild, antwortet der Redakteur, gerade von Ihnen weiß ich das doch! Ich bin überaus gespannt, welches Bild heute bei Ihnen auftauchen und wer uns besuchen wird.

Nicht nur ein Bild, sagt die Frau, es sind Bilder, vor allem Bilder – Menschengesichter – Meer – Wüste – Bäume – Hügel – Schwenks und langsame Fahrten – Großaufnahmen – das Zufahren – die Totale –

Sprechen Sie von einer Filmkamera? fragt der Redakteur.

Gewissermaßen ja, antwortet die Frau, ich spreche von seiner Filmkamera, ich spreche von Karl Kofler.

Den Namen kenne ich! Es gab vor Jahren eine ganz wunderbare Doku über die ziemlich verrückte Tochter des Tänzers Nijinsky, und dieser Film hat vor allem von der erstaunlichen Kameraführung gelebt – da habe ich mir den Namen Karl Kofler gemerkt.

Ihn meine ich, genau.

Darf ich gleich aufnehmen? fragt der Redakteur.

Ja, tun Sie das.

Als ich allmählich aufhörte, mich nur als Schauspielerin zu fühlen, als das Musizieren und die Schriftstellerei sich bei mir vermehrt Raum geschaffen hatten, war es aber nach wie vor der Film, den ich liebte. Besser gesagt: das Filmen. Ich wollte selbst Filme erschaffen. Mir tat leid – und das tut es übrigens bis heute – damit nicht früher, in jüngeren Jahren begonnen zu haben. Aber bereits als Schauspielerin hatte mich bei jeder Filmarbeit nicht nur meine Rolle interessiert, sondern stets auch das gesamte Drumherum. Ich beobachtete genau, das Licht, die Art der Einstellungen, die Bewegung der Kamera. Ich tat zwar das Meine, aber nie, ohne mich als ein Teil der gesamten Filmarbeit zu sehen und stets darauf zu achten, wie dieser Film zustande kam. Ich erwarb mir also Erfahrung. Als der portugiesische Musiker unseren gemeinsamen Film über Lissabon und den Fado in einem hiesigen Schneideraum bearbeitete, saß ich die

ganze Zeit mit glühender Aufmerksamkeit neben
ihm. Dieser Mann war nicht nur Komponist,
Pianist und »Maestro«, sondern eben erstaunlicherweise auch noch Filmemacher. Und der Film-
schnitt erschien mir – und das auch bis heute – als
eine der faszinierendsten kreativen Tätigkeiten.
Die Stunden am damals noch großmächtigen
Schneidetisch flogen dahin, ich sah zu, wie man
entstehen lassen konnte, verwandeln, neu erzählen
– wie man aneinanderreihte oder wegließ, was man
dazwischenschob oder kürzte – welche gestalteri-
schen Möglichkeiten schenkte das!
Aber ohne mich selbst als Filmregisseurin zu sehen,
kam mir denn doch eine Idee, bei der ich immerhin ein wenig »federführend« sein würde. Mir fiel
ein, wie gut wir beide mit Worten umgehen und ad
hoc formulieren konnten, mein zweiter Ehemann
und ich! Damals schon lange getrennt, waren wir
nach den Wirrnissen des »Partnertausches« gute
Freunde geworden. Also fragte ich ihn, und er sagte
nicht nein. Ich entwarf einen filmischen Ablauf,
Personen und Szenen wurden exakt angegeben.
Ein ehemaliges Ehepaar würde in einem kleinen
abgelegenen Hotel in Portugal nach längerer Zeit
nochmals zusammentreffen, in Gesprächen das
Schmerzliche und Bittere des Vergangenen in eine
neue, gereinigte Zuneigung verwandeln und nach
genau drei Tagen, einander in Liebe loslassend,

wieder auseinandergehen. Natürlich verwob ich in diese einfache Geschichte meine eigene Sehnsucht, zwischen Mann und Frau könne etwas in dieser Weise geschehen. Aber meine Idee griff. Der Portugiese würde Regie führen, der Fernsehsender gab das Geld – und Karl Kofler sei an der Kamera, erfuhr ich.

Also auf nach Lissabon, und dann weiter in den Alentejo, zum Hauptdrehort. Ein heißer, portugiesischer Sommer empfing uns. Das ganze Team wohnte in dem kleinen, illustren Hotel am Rande eines vielarmigen, aufgestauten Sees, und dort erschien dann auch mein Ex-Ehemann mit seiner damaligen, wunderschönen jungen Freundin. Die Anwesenheit einer Geliebten, die er meinte, beeindrucken zu müssen, zwang ihn anfangs dazu, intellektuelle Überlegenheit zu demonstrieren, aber schon nach wenigen Tagen wich seine spöttisch-distanzierte Haltung kooperativem Interesse. Er spielte – im wahrsten Sinn – ungeheuer gut mit! Denn das wohl Einzigartige an dieser Filmarbeit war der Vorgang, daß die Dialoge von uns beiden beim Drehen »erfunden« wurden, wir also einen Film in Stegreif-Manier drehten!

Mir wurde rasch klar, daß Karl Kofler die Garantie dafür war, solches zustande zu bringen. Ohne sein Wissen, seine Schnelligkeit, seinen untrüglichen Instinkt, optisch umzusetzen, was sich bei unserem Spiel »ergab«, wäre ein Film dieser Art undenkbar gewesen. Karl war ein gut aussehender, kräftiger Mann und Frauen offensichtlich zugetan. Das war aber auch der Grund, daß er Frauen wunderbar ins Licht setzen konnte. Das schon! Aber er besprach sich hauptsächlich mit meinem Ex-Ehemann, ließ den Portugiesen als Regisseur gerade noch gelten und kümmerte sich keinen Deut um das, was ich zu sagen hatte. Was für ein Macho! dachte ich immer wieder, aber da wir bei den »Mustern«, die uns damals, in der noch nicht digitalisierten Welt, zum Überprüfen zugeschickt wurden, immer wieder seine wunderbaren Bilder sahen, ich seine Einfühlungsgabe in das spontan Entstehende bewunderte, hielt ich mit dieser Kritik an mich. Und er war ja bei den Szenen selbst voll an meiner Seite, ich sah, obwohl nicht mehr blutjung, in allen Einstellungen sehr schön aus. Wir drehten am Seeufer, im knisternd heißen Weideland zwischen Olivenbäumen und Korkeichen, in tiefgrünen Reisfeldern, am tosenden Atlantikstrand, vor dem wilden Blau des Meeres – die portugiesische Landschaft, so, wie ich sie liebte, umgab das filmische Geschehen. Und wir »Darsteller« erlebten als das erfundene Paar tatsächlich eine Art Rückblick auf unsere eigene eheliche Gemeinsamkeit und wurden uns eines anderen Aspekts von Liebe bewußt, dieser

Liebe eben, die keiner selbstsüchtigen Fiktion mehr anhängt.

Ach ja, sagt die Frau. Sie lehnt sich zurück und schließt die Augen. Waren aufwühlend und seltsam schön, diese Dreharbeiten.

Schade, sagt der Redakteur, ich habe den Film nie gesehen.

Die Frau öffnet ihre Augen wieder und schaut den Redakteur an. Sie lächelt.

Kein Wunder, mein Lieber, für Sie ist es sicher zu lange her. Und er lief nur einmal im Fernsehen. Man warf dem Film auch vor, er sei zu privat gewesen, zu sehr unsere Geschichte. Aber mich persönlich störte diese Kritik ja eigentlich nicht, weil ich finde, daß bei allem Künstlerischen die Kompetenz der eigenen Erfahrung, wie ich es gern nenne, Grundlage sein sollte. Aber meinen Ex-Ehemann störte sie. Er wolle den Film garnicht anschauen, sagte er. Und sah ihn sich auch nicht an.

Wirklich? fragt der Redakteur.

Ja. Er genierte sich. Aber viel, viel später, Jahre später, sah er den Film denn doch – durch Zufall – bei einer privaten Vorführung – und er gefiel ihm sehr.

Na bitte! sagt der Redakteur.

Ja, manchmal heilt das Leben Wunden der Ablehnung. Aber nur manchmal.

Und wie fand der Kameramann den Film?

Er war mehrmals dabei, als der Portugiese im Schneideraum arbeitete und ich wieder danebensaß, und
ihm gefiel, wie wir die Szenen bauten. Weiter jetzt,
was den Karl Kofler betrifft?
Nur zu.

Trotzdem ließ man mich anschließend für das
Fernsehen eine Dokumentation über portugiesische Musikformen drehen, und diesmal sogar als
Regisseurin. Und natürlich wünschte ich mir Karl
Kofler als Kameramann. Ihn interessierte das Su-
jet, und er war gern wieder in Portugal. Wir be-
reisten das Land vom Norden in den Süden, waren
in Porto, in Lissabon, in Évora, in Faro und hatten
diesmal mit kalten Regentagen zu kämpfen. Und
ich mit dem Macho Karl! Einmal begann er mit
meiner damaligen Assistentin, die ihn auch heftig
anflirtete, am Morgen irgendwo zu drehen, ohne
mich zu fragen, ohne auf mich zu warten, ja ohne
mich irgendwie einzubeziehen. Und da mußte ich
mich wehren, laut werden! Kurzfristig entwickelte
sich ein ziemlich unguter Eklat, den ich nicht verhinderte, weil es mir notwendig erschien, unsere
Positionen zu klären. Und so war es dann auch.
Einigermaßen geklärt. Wir bekamen alles wieder
in den Griff, hatten auch friedvolle Drehtage, und
daheim, beim Schnitt, half Karl mir sehr, indem er
sich oft hinzugesellte und mich beriet.

Jetzt verging einige Zeit, bis es zu einer nächsten gemeinsamen Arbeit kommen sollte. Ich hatte ein Drehbuch geschrieben, das dem damaligen Leiter der Kulturabteilung des Fernsehens gefiel und das er mich realisieren lassen wollte.

Die Idee zu diesem Film entstand auf der Azoreninsel Fayal. Ich hatte, als wir dort konzertierten, durch den portugiesischen Musiker das Haus seiner Großtante Rosalina kennengelernt. Ein bis ins Detail erhaltenes und belebtes, großbürgerliches Herrschaftshaus aus der Jahrhundertwende, vollkommen intakt alles, das Mobiliar, die Gegenstände, aber nicht museal bewahrt, sondern in lebendigem Gebrauch. Die über achtzigjährige Rosalina Medeiros, klein, weißhaarig, mit Stock und kräftig krächzender Stimme, lebte darin, war eins mit diesem Haus und liebte es. Und ich verliebte mich in die alte Dame. »A vida é boa!« – also: das Leben ist schön! – hatte sie bei einem gemeinsamen Abendessen mit hochgehobenem Weinglas und blitzenden Augen ausgerufen und mein Herz zur Gänze gewonnen. Für diese Frau und für dieses Haus ersann ich also eine Filmgeschichte. Ich besetzte die Rollen mit jungen Schauspielern, die ich mochte und deren Begabung ich schätzte, Rosalina spielte Rosalina, und auch ich selbst sollte mitwirken. Und natürlich wünschte ich mir dafür ein weiteres Mal den Kameramann Karl Kofler.

Inzwischen hatte dieser eine neue Gefährtin gewonnen, die Jutta hieß und als Produktionsleiterin mit uns fuhr. Sofort fühlte ich, daß sich bei Karl etwas verändert hatte. Mir schien, sein ruheloses Suchen und Lassen, was Frauen betraf, hätte plötzlich, ähnlich einem dahintreibenden Schiff, den ersehnten Hafen gefunden, um in Ruhe und Frieden zu ankern. Was aber anfangs noch nicht verhindern konnte, daß wir beide, Karl und ich, heftig aneinandergerieten. Ich verstehe nachträglich, daß er mich als Regisseurin nicht ernst nehmen konnte. War dies doch der erste Spielfilm, bei dem ich Regie führte, den ich allein verantwortete – und dann brachte ich mich dabei auch noch als Schauspielerin ein! Er traute mir das alles schlicht nicht zu. Deshalb ging er eigenwillig vor, mißachtete meine Vorschläge und Forderungen, und ich mußte wieder das tun, was mir eigentlich zutiefst widerstrebt: Streiten! Kämpfen! Mich mit Macht durchsetzen!

Da ich aber eine genaue Vorstellung davon hatte, woran mir bei dieser Arbeit lag und was ich filmisch erreichen wollte, gelang es mir schließlich. Mein Wort zählte. Wir begannen, einträchtig zu arbeiten, Karl fing an, mir zuzuhören und seine eigenen Ideen hintanzustellen. Rosalinas Haus und die Insel mit ihren blauen Hortensienströmen und wilden Felsküsten boten sich uns in diesen

Tagen auf das schönste, der Vulkan Pico auf der Nebeninsel gleichen Namens ragte, meist nur mit einem einzigen Wolkenband umgürtet, in einen wolkenlosen Himmel empor, was einem seltenen Geschenk gleichkam. Die atlantischen Stürme und Regengüsse – an einem Tag erlebe man auf einer Azoreninsel vier Jahreszeiten, sagt man! – ereilten uns nur ganz sporadisch.

Unser Team war klein und ausgesucht – etwas, das ich bei meinen wenigen Filmarbeiten stets bevorzugte. Die technische Crew bestand aus jungen Leuten, die Karl ausgewählt hatte, Kostüm, Maske, Fotografie, Regieassistenz, Bühne, Requisite, all das lag in den Händen von befreundeten und vertrauten Menschen, die mir begeistert und ohne Dünkel zur Seite standen und neben der persönlichen Kompetenz auch stets dort bereitwillig anpackten, wo gerade Not am Mann – oder an der Frau – war. Und Jutta fand immer Restaurants, in denen wir nach Drehschluß herrlich essen und trinken konnten, sodaß neben der oft erschöpfenden Arbeit auch Genuß, Lachen und Lebensfreude möglich waren.

Und an einem der letzten Abende dieser Drehzeit lud Karl Kofler uns alle ein, und zwar in ein Lokal, das seiner Meinung nach den besten Wein servierte. Und dieser Meinung konnte man blind trauen, denn Karl war nicht nur Kameramann, sondern auch Weinbauer, er besaß – und besitzt es bis heute – ein Anwesen und Ländereien in einem der gesegneten Weinbaugebiete unseres Landes und arbeitet dort auch persönlich mit, wenn seine Weine und Schnäpse entstehen.

Aber zurück zu dem Abend auf Fayal. Da tat er etwas, das unsere Freundschaft und weitere Zusammenarbeit besiegeln sollte. Er, der eher wortkarge Mann, stand auf, hob sein Glas und sprach. Er sprach mir vor dem gesamten Team seine Achtung aus, er sei ab nun, von meiner Kompetenz überzeugt und mich bei allem und jedem voll unterstützend, an meiner Seite! Alle applaudierten, wir umarmten uns, ich war tief bewegt und glücklich. Und wußte Juttas hellen Blick genau zu deuten. Sie hat aus Karl, dem Macho-Mannsbild, Karl, den Menschen, hervorgeholt. Und bis heute sind wir drei Freunde geblieben, ohne die beiden wären die Filme meines Lebens, also die, die ich selbst verwirklichte, undenkbar.

Die Frau greift zur Teekanne, gießt ihre Tasse voll und trinkt sie in einem Zug leer. Kalt, aber gut, sagt sie.

Haben Sie danach gemeinsam viele Filme gemacht? fragt der Redakteur. Man weiß so wenig davon.

Tja, so ist das, sagt die Frau, daß Sie von meinen Filmen nichts wissen, ist sonnenklar. Ich bin ja nie in das wirkliche Film-Geschäft geraten, wohl auch genau deshalb, weil es vor allem ein Geschäft ist. Und ich war einfach nicht mehr jung genug, als ich damit anfing, selbst Filme machen zu wollen. Sich da finanziell durchzuboxen braucht die Kraft der Jugend. Aber macht nix. Wir haben schöne Drehzeiten erlebt, die Koflers und ich.

Koflers?

Ja, Jutta und Karl haben später geheiratet.

Der Redakteur greift jetzt auch zur Teekanne. Darf ich? fragt er. Die Frau lacht.

Hören Sie, sagt sie, wenn Sie mich nach bald drei Wochen Teetrinken jetzt noch fragen müssen, ob Sie's dürfen, waren die drei Wochen umsonst.

War nur ein Reflex, sagt der Redakteur.

Dann kommt jetzt mein Reflex: Ich nehme mir eine Zigarette!

Gut so.

Vögel schwirren im Garten durch das junge Laub, sanfte Windstöße bewegen das Geäst.

So schön, der heutige Tag! sagt die Frau. Ich erzähle Ihnen noch ein wenig von unserer Filmerei, wenn Sie mögen.

Wenn Sie nach bald drei Wochen annehmen, ich könnte das nicht mögen –

Gut, gut, sagt die Frau, nehmen wir auf.

Wir haben oft in Portugal gedreht. Zum Beispiel, als ich mit dem Musiker dort eine CD aufnahm, im Norden, nahe Porto, in einem kleinen Ort an der

Küste. Das Tonstudio gehörte einem Freund des Musikers, der kleine Bungalow lag zwischen Orangenbäumen im Garten von dessen Elternhaus. Wir nahmen diesmal Evergreens auf, die uns gefielen, nur dieses eine Mal in meinem Leben sang ich in englischer Sprache. Und Karl war um uns mit seiner Kamera. Er lag sogar in meiner Kabine, unterhalb des Mikrophons, und ging ganz nahe an mein Gesicht heran, wenn ich die Lieder interpretierte. Das »working out« dieser Plattenproduktion war ganz allein Karls Werk. Wir schnitten den Film zwar hinterher gemeinsam, aber ich glaube, daß er selbst diese weitgehend eigenständige Arbeit ganz besonders schätzte.

Ein zweiter Spielfilm entstand sehr bald nach dem Tod meiner Tochter. Wir drehten ihn ebenfalls in Portugal, aber diesmal an der Grenze zu Spanien, in dem Ort Monsanto. Enge Gassen, Steinhäuser, die Reste eines Kastells, die felsige Anhöhe krönend, und rundum Landschaft. Wir drehten im Mai, nach heftigen Regenfällen, die Wiesen blühten, und Wasserläufe waren von schwimmenden Blumenteppichen gesäumt. In Drehpausen ließ ich mich durch Bäche und Flüßchen treiben, glitt dahin wie ein Tier, wollte auch ein Tier sein und meine Trauer im Geschöpflichen erlösen. »Den Töchtern gewidmet« las man später im Abspann des Filmes, und zwei wunderbare Schauspielerinnen im Alter meiner Tochter spielten wunderbar das von mir Erdachte, setzten es in einer so anrührenden Weise um, daß alles an Liebe in mir frei wurde. Ich ließ die beiden im Film erfolgreiche Pianistinnen und gleichzeitig innige Freundinnen sein, ließ sie auf einem Landsitz nahe Monsanto für einige Urlaubstage zusammentreffen. Zwei Männer kommen ins Spiel – Liebe, Verrat und Lassenmüssen – aber das Kernstück des Films war wohl eine Improvisation der beiden Frauen an zwei Klavieren. Der Musiker, selbst auch eine der Figuren des Filmes darstellend, hatte mit einem befreundeten, ebenfalls sehr guten Pianisten in einem Lissabonner Tonstudio diese Improvisation aufgenommen. Die Schauspielerinnen erhielten die Aufnahme vor der Drehzeit, konnten sich einhören und dieses Musikstück genau kennenlernen. Beide waren musikalisch, hatten aber nie wirklich Klavierspielen gelernt. Man sah bei diesen Einstellungen nie die Hände der Frauen, aber sie bewegten ihre Oberkörper in professioneller Weise, ohne laienhafte Übertreibung, und gingen in schönstem Einverständnis, oft Blick in Blick, musikalisch aufeinander ein. Karl nahm die Szene mit zwei Kameras auf, der Musiker kontrollierte die Körpersprache der beiden Schauspielerinnen, und ich liebte sie alle.

Pause! sagt die Frau.

Wir können auch aufhören, sagt der Redakteur.

Ja, aber nicht gleich. Ich bin so sehr in die Stimmung dieser Zeit zurückgekehrt. All die Schmerzlichkeit. Und doch wurde ich aufgesogen von der Geschichte des Films, es half mir, mich zu vergessen. Zu überleben –

Das war aber nicht Ihre letzte filmische Arbeit? fragt der Redakteur nach einer Weile. Sie ist traurig, denkt er.

Nein, nein, sagt die Frau, Karl hat vieles, was ich tat, mit seiner Kamera begleitet – Konzerte, Lesungen – das Fernseh-Porträt anläßlich eines runden Geburtstages – man will ja für alles immer diese unseligen runden Geburtstage haben! – Wir haben immer wieder, neben unserer Freundschaft, gemeinsam etwas getan, etwas geschaffen –

Die Frau verstummt.

Ja? fragt der Redakteur.

Es gab eine bislang letzte gemeinsame Arbeit, einen Dokumentarfilm. Wir waren in der Sahara –

Ja? fragt der Redakteur nochmals.

Machen wir für heute Schluß, sagt die Frau. Ich möchte noch den Garten genießen, ehe es dämmert. Und Sie vielleicht den lauen Abend. Haben Sie auch morgen Zeit?

Ich habe immer Zeit.

Die Frau schaut ihn an. Ich frage mich, wie Sie leben, sagt sie, wenn Sie ein Mensch sind, der immer Zeit hat.

Ich habe immer Zeit für Sie, sagt der Redakteur.

Und wenn die Zeit vorbei sein wird? Und zwar absehbar?

Werde ich mich daran erinnern.

Und? Wird es eine gute Erinnerung sein?

Weiß ich noch nicht.

Die Frau lacht. Sie haben recht, sagt sie, wir zwei be-
finden uns ja noch im Gegenwärtigen. Schwer, es
zu durchschauen, erst der Rückblick klärt – was ich
persönlich ja gerade in diesen Tagen intensiv erfahre.
Ich bringe Sie jetzt zur Tür, Herr Redakteur, hinaus
in diesen herrlichen frühen Abend. Genießen Sie
ihn!

Ich werde mein Möglichstes tun.

Brav.

21

Also weiter, sagt die Frau und dämpft ihre Zigarette
aus, genug Geplauder über das herrliche Frühlings-
wetter. Oder möchten Sie noch Tee?

Nein danke.

Können wir schon aufnehmen?

Wir können.

Ich war, glaube ich, bei –

Sie sprachen noch die Sahara an.

Ja, genau. Gestern war ich plötzlich müde und nicht mehr in der Lage, so weit auszuholen. Denn wenn ich von der Sahara erzählen will, muß ich zurückgreifen und bündeln und gerate ansatzweise in die Gegenwart. Wäre das schlimm? fragt der Redakteur. Wollen Sie Ihr gegenwärtiges Leben denn nicht erwähnen?

In allem, was ich erzählt habe, ist es erwähnt, finde ich. Was ich jetzt bin, ist die Summe dessen, was ich erfuhr, was mich prägte, was ich tat und erlebte. Ich bin in die letzte Bucht meiner Lebensreise eingefahren. Da kann ich schon noch eine Weile ankern und es mir wohl oder wehe sein lassen. Aber es ist die letzte Etappe, absehbar heißt es das Boot verlassen.

Himmel, was für eine trübe Metapher! ruft der Redakteur, Sie haben doch weiterhin neue Ziele! Ihr Tun, wie Sie es nennen, fordert Sie nach wie vor. Sie sind doch noch in voller Fahrt – um bei Ihrem Bild zu bleiben!

Die Frau schaut kurz in den durchsonnten Garten hinaus.

Nein, sagt sie dann, ich bin angekommen. Und das ist nicht schlimm. Das ist richtig. Und wohl die einzige Möglichkeit, in Gelassenheit noch ein wenig jung zu sein. Ich meine, jung im Geiste – falls Ihnen das nicht zu hochtrabend klingt. Vielleicht auch jung in der Freude, im Wahrnehmen des Augenblicks, im Reichtum der Erfindungen. Aber all die Geschichten meines Lebens sind jetzt Geschichte. Meine Gegenwart bietet keine Storys mehr, Herr Redakteur! Daß ich nach wie vor am Leben bin und lebendig, genügt da als Aussage.

Der Redakteur seufzt. Ach Sie! sagt er.

Seien Sie nicht unzufrieden, mein Lieber, nehmen wir auf. Ich muß jetzt eine komplizierte politische Gegebenheit möglichst einfach erklären. Los.

Hier nur ein kurzer Abriß dessen, was in mittlerweile fast vier Jahrzehnten zu einem dieser unlösbar scheinenden politischen Konflikte im Weltgeschehen unserer Tage geführt hat. Und das, obwohl die Welt kaum etwas davon weiß. Also: Unter Führung der Frente Polisario, die als Freiheitsbewegung gegen die spanische Kolonialherrschaft entstanden war, floh ein Teil der Bevölkerung Westsaharas über die Grenze nach Algerien, nachdem Marokko das Land nach Abzug der Spanier völkerrechtsfeindlich okkupiert und dadurch Krieg ausgelöst hatte. Die Polisarios gewannen einen Teil des Landes zurück, jetzt die »befreiten Gebiete« genannt, dann willigten sie in einen Waffenstillstand ein. Der größere Teil Westsaharas aber, an der fischreichen Atlantikküste gelegen und mit Bodenschätzen gesegnet, blieb »besetzt«. Zwischen den beiden Gebieten errichtete Marokko unverzüglich eine 2600 km lange Mauer, von der die Weltöffentlichkeit ebenfalls keine Ahnung hat und die von den Saharauis »Wall of Shame«, also »Mauer der

Schande« genannt wird. Diplomatische Bemühungen – auch der UNO – von Marokko das Selbstbestimmungsrecht zu erhalten, blieben fruchtlos, die Menschenrechtsverletzungen in den besetzten Gebieten halten an, die Lage ist und bleibt aussichtslos. So in etwa der Stand der Dinge.

Meine Tochter und ich besuchten die Flüchtlings-Zeltstädte bereits in den Anfängen, als dort noch Hoffnung auf die baldige Rückkehr in ein befreites Westsahara bestand. Ein Vertreter der Frente Polisario hatte den Vater meiner Tochter kennengelernt, und dieser uns dazu animiert, mit einigen Freunden als »Delegation« dessen Einladung zu folgen. Wenn Menschen aus Kunst und Kultur zu ihnen in die Wüste kämen und dann in ihrem Heimatland von der menschenfeindlichen Situation in den Camps berichten würden, wäre ihnen das hilfreich, dachten die Polisarios. Wie wenig Information und Anteilnahme auch wir »Künstler« später im Hinblick auf die Situation der Saharauis erwirken konnten, war uns damals allen nicht bewußt.

Wir waren etwa zu acht, darunter der Musiker mit einem portugiesischen Fernseh-Team, eine mit mir befreundete, ganz außerordentliche Fotografin und eine Frau des Theaters – Dramaturgin und Regisseurin, und innige Freundin meiner Tochter. Wir flogen vorerst nach Algier, wo man

uns behutsam und mit Umsicht auf das vorbereitete, was uns erwarten würde. Damals herrschte
noch Krieg, eine abgedunkelte Militärmaschine
brachte uns zum algerischen Wüstenstädtchen
Tindouf. Wir landeten auf der einzigen Rollbahn,
daneben eine einfache Hütte, sonst nichts. Nur
die unermeßliche Weite der Sahara rundum.
Mittlerweile befindet sich dort ein regulärer
Flughafen, und Tindouf ist eine belebte Stadt
geworden, aber damals hatte ich den Eindruck,
am Ende der Welt gelandet zu sein. Ein Eindruck,
der sich später ins Gegenteil verwandelte, denn
ich erlebte sehr bald kämpfende, mutige und erstaunlich kluge Menschen – Menschen, die mehr
politischen Weitblick und mehr Weltkenntnis zu
besitzen schienen als die meisten unserer europä-
ischen Politiker.

Jeeps brachten uns in langen Wüstenfahrten zu
den Zeltstädten. Wir schliefen dort meist auch
in Zelten, obwohl es aus Lehm gebaute, niedere
Behausungen gab, für Schulen und Spitäler vor
allem, aber auch als Vorrats- und Kochbereiche
genutzt. Die Flüchtlingsfamilien besaßen Ziegen
und Hühner, und nahe jeder Wilaya, also Zeltstadt,
befand sich eine größere Kamelherde, von deren
Milch und Fleisch man sich ebenfalls ernährte.

Man betreute uns mit Fürsorge, aber wir mußten
lernen, unsere europäische Ungeduld zu bezwin-

gen. In der afrikanischen Wüste ist Zeit ein unwägbarer Begriff. Obwohl letztlich alles zu seiner Zeit geschieht, schaut dabei keiner ständig auf die Uhr, wie wir es anfangs noch taten. Langsam aber wurden wir ruhiger. Es war tagsüber unerträglich heiß, wir zogen uns in Wüstengärten zurück, die von den Saharauis mit Nutzung des unter dem Wüstenboden vorhandenen Grundwassers angelegt worden waren. Da lagen wir regungslos im Schatten einer Bambuslaube hingestreckt, unter feuchten Tüchern, die im Verdunsten Kühlung brachten. Über uns Palmen und flüsterndes Grün, neben uns eine in ihre Malhafa gehüllte Begleiterin, die leise summend Tee zubereitete.

Sobald aber die Sonne zu sinken begann, wurden wir im rotgoldenen Abendlicht in einigen Jeeps durch die Wüste gefahren. Wir besuchten andere Wilayas, sahen Schulen, Spitäler, Militärcamps. Wir tranken aus ein und derselben bunten Blechschüssel Kamelmilch – besser gesagt mußten das aus Gründen der Gastfreundschaft tun, ob es uns nun schmeckte oder nicht – nachdem wir in kistenartigen, sogenannten Hochzeitssätteln begeistert auf Kamelen in den Sonnenuntergang geritten waren. Wir aßen mit bloßen Händen Couscous und Hühnerfleisch aus Schüsseln, die wir uns zureichten, und saßen dabei auf Teppichen in großen schwarzen Beduinenzelten. Wir besuchten nächtliche Veranstaltungen mit Revolutionsreden, Musik und Gesang, wohl zur Ermunterung und moralischen Aufrüstung der in den Flüchtlingslagern ausharrenden Menschen stürmisch laut und farbenprächtig ausgerichtet.

Aber einmal spätnachts trugen der Musiker und ich ebenfalls Lieder vor. Man postierte uns in den erleuchteten Eingang eines Zeltes, und davor befand sich eine still abwartende Menschenschar, die, von uns nur erahnt, in der Dunkelheit auf dem Wüstenboden lagerte. Der Musiker spielte auf der Tastatur eines Akkordeons, als sei dies ein kleines Klavier, und ich sang, um meine Stimme zu verstärken, durch ein altmodisches Megaphon. Wir erlebten die Ausgesetztheit, Bedrängnis, aber auch den Überlebenswillen der Saharauis, alles verwoben in die Farben und Endlosigkeiten der Sahara, als eine Schönheit, die uns überwältigte. Wir erlebten alles dort als eine andere und plötzlich wie von uns ersehnte Lebensrealität. Jedenfalls war dies bei mir der Fall. Und noch intensiver davon ergriffen wurde meine Tochter.

Nach dieser ersten Reise als »Delegation« ergaben sich weitere Besuche. Einmal lud man mich zu den Festivitäten eines Revolutions-Jahrestages ein, es gab Militärparaden und viele ausländische Gäste. Erstaunlich und bewundernswert, wie die Polisarios all dies zu organisieren verstanden. Dann aber

verhinderte ein plötzlich aufkommender Sand-
sturm die Rückreise aller. Wir mußten nochmals
in die Zelte zurück, tranken Tee und übten uns in
Geduld. Der Wind heulte, und freundliche Krieger,
von einer Sandwolke umhüllt, lugten ab und zu herein und überprüften, ob der Mast des Zeltes dem
Sturm standhielte. Vor allem ich, die ich anfangs
völlig aufgelöst in Hysterie geraten war, mußte
diese bezwingen. In Frankfurt nämlich erwartete
man mich in der »Alten Oper«, um dort das Ein-
personenstück nach Simone de Beauvoirs »Eine
gebrochene Frau« am übernächsten Abend zu
spielen. Ein Tourneetermin, zu dem ich direkt aus
der Wüste hätte anreisen sollen. Die Zeit verstrich,
ich konnte niemanden verständigen, es gab damals
noch keine Handys, und jede andere Telefonver-
bindung war ebenfalls unmöglich. Langsam ergab
ich mich. Wurde ähnlich gelassen, wie ich es bei
den Saharauis wahrgenommen hatte. Deren cha-
rakterliches Hauptmerkmal ist diese Gelassenheit,
bei der es nicht temperamentlos zugeht, die aber
vor Hektik und Exaltation schützt. Als ich erkannt
hatte, daß all mein innerliches Toben, all meine
Fluchtgedanken sinnlos geworden waren, lag ich
still auf meinen Decken, hörte das sanfte arabische
Plaudern der Frauen, die in kleinen Kännchen Tee
zubereiteten, und wurde allmählich sogar von einem seltsamen Frieden überkommen.

Später, nach wildem Aufbruch aller Gäste, dem zitternden, schweißgebadeten Ergattern eines Platzes im Flugzeug nach Algier, und danach auch in einer Maschine nach Frankfurt, war dieser Friede schnell wieder dahin. Ich erreichte die Alte Oper knapp vor Vorstellungsbeginn, man begrüßte mich mit Schreien der Erleichterung, ich sauste in die Garderobe, alles ging sich aus. Aber mitten in der Aufführung, gerade dabei, als leidende, betrogene Gattin in weißen Bettlaken mein Unglück zu bejammern, mußte ich ein wildes Auflachen bezwingen, mein Gesicht in die Kissen drücken und so tun, als weinte ich. Denn aus meinem Haar strömte roter Wüstensand auf das schneeweiße Bett! Da ich nach den Reisestrapazen schon aus Schwäche dafür anfällig war, konnte ich meinen Lachanfall nur mit Mühe bezwingen, es bedurfte all meiner Kraft, um danach das Leid dieser gebrochenen Frau mit gebotener Bühnenkonzentration wieder auf mich zu nehmen.

Auch mit der Fotografin, die mittlerweile ein Fotobuch über die Saharauis herausgebracht hatte, war ich einmal zu Besuch in den Lagern. Die Freundin wollte ihr Buch dem Ministerpräsidenten der Exilregierung, Abdel Aziz, persönlich überreichen, und ich begleitete sie. Wir wurden diesmal viel privater betreut, wohnten und aßen bei Familien in kleineren Zelten. Einmal wurde uns als besonderes Gastgeschenk ein gebratenes Zicklein serviert, völlig erkennbar in knuspriger Gestalt, Augen und Hörnchen mit buntem Glas geschmückt. Die Freundin wußte von meiner Tierliebe und Empfindlichkeit, flüsterte mir deshalb beschwörend zu, ich dürfe keine Abscheu zeigen, müsse von diesem Zicklein essen, unbedingt! Und freundlich! Ohne zu maulen! Sie redete wie wild auf mich ein, und ich benahm mich tadellos. Bis sie plötzlich sich entschuldigend aufsprang, aus dem Zelt stürzte – und erbrach!

Der Redakteur lacht auf. Entschuldigung, sagt er, ging nicht anders.
Ich lache auch immer wieder bei dieser Geschichte, sagt die Frau, sie gehört zu den wenigen humorvollen, die ich erzählen kann. Aber egal, ich habe so lang geredet, jetzt brauche ich Tee und eine Zigarette.
Dabei leiste ich Ihnen Gesellschaft, sagt der Redakteur.
Die Frau füllt die Teetassen, beide greifen nach einer Zigarette, beide trinken, rauchen, schweigen.
Diese Wüstenaufenthalte, sagt die Frau, haben unser weiteres Leben bestimmt, das meiner Tochter und meines. Sie reiste noch häufiger in die Sahara als ich. Und oft weilten angereiste saharauische Menschen, denen meine Tochter in gesundheitlicher oder anderer Bedrängnis zu helfen versuchte, unter ihrem Dach.

Sie wohnten bei ihr, Decken wurden am Boden ausgebreitet, man lagerte wie in der Wüste, plauderte und bereitete den nach Minze duftenden Tee zu. Auch meine Tochter beherrschte dieses Ritual inzwischen, sie zielte den Strahl aus dem blauen Emailkännchen mit Schwung in die kleinen Teegläser, als sei sie eine Saharaui-Frau.

Soll ich wieder aufnehmen? fragt der Redakteur.

Die Frau stellt die Tasse ab und dämpft ihre Zigarette aus.

Ja, gut, sagt sie.

Ich war auf einer Konzerttournee, als meine Tochter mich eines Tages ohne Umschweife mit dem Hinweis konfrontierte, ich sei jetzt Großmutter! »Was? Wie? Bist du schwanger?« rief ich aufgeregt ins Telefon. »Aber nein, das Kind ist ja schon da«, erwiderte sie. »Wie bitte?« fragte ich konsterniert, und sie lachte. Dann kam die Erklärung. Sie habe einen Säugling kurz nach dessen Geburt zu sich nach Hause genommen, da die saharauische Mutter das Kind hier gebar und sich auf tragische Weise seiner nicht annehmen konnte, es zurücklassen mußte. Es sei ein kleiner Junge. »Du willst ihn aufziehen?« fragte ich. »Ich werde ihn adoptieren«, antwortete sie.

Ich war immer noch unterwegs, als meine Tochter mir das erste Foto zuschickte. Sie mit dem Baby, es mit zärtlichster Liebe umfangend, und sein schönes, dunkles Gesichtchen aus dem Wäschebündel hervorleuchtend. Der Anblick ihrer hingebungsvollen Mütterlichkeit trieb mir Tränen in die Augen. Ich saß in irgendeinem Hotelzimmer, irgendwo in einer häßlichen Stadt, und weinte.

Als ich die Tournee beendet hatte und nach Hause zurückkehrte, trat mir meine Tochter bereits als erfahrene junge Mutter entgegen. Stolz und Liebe leuchteten aus ihren Augen, als sie mir das kleine Wesen in die Arme legte und ich es behutsam und ein wenig ängstlich betrachten und herzen konnte. Wunderschön war es, olivfarben das Gesichtchen, groß und dunkel die Augen. Ich verliebte mich sofort. Alle liebten den kleinen Jungen. Mein Vater, der damals noch lebte und anfangs händeringend einen »farbigen« Urenkel beklagte, war sehr bald richtiggehend vernarrt in ihn und wurde unglücklich, wenn er ihn längere Zeit nicht sehen konnte.

Er wuchs bei meiner Tochter auf, und sie war ihm voll und ganz Mutter, war seine »Ma«. Die beiden liebten einander über alles. Nie hatte er den Wunsch, seine leiblichen Eltern kennenzulernen, vielleicht auch, weil ihm von Anfang an nichts verheimlicht wurde und er von Kindesbeinen an über seine Herkunft genau Bescheid wußte.

Die Frau senkt den Kopf und schweigt. Jetzt rede ich sie besser nicht an, denkt der Redakteur. Stille herrscht, nur die Vögel im Garten schwirren und zwitschern erregt.

Es war traumatisch für ihn, sagt die Frau nach einer Weile und ohne den Kopf zu heben. Mein Enkelsohn war fünfzehn Jahre alt, als meine Tochter starb.

Sie schweigt wieder. Der Redakteur sitzt der Frau ebenfalls schweigend gegenüber. Diese Stille wird langsam bedrückend, denkt er, vielleicht sollte ich etwas sagen? Aber was?

Plötzlich richtet die Frau sich energisch auf.

Ich komme jetzt lieber auf das Thema Film zurück, sagt sie. Deshalb bin ich ja in die Wüstenerinnerungen geraten, oder?

Ja, schon, sagt der Redakteur, Sie hatten Ihre Arbeiten mit Karl Kofler beschrieben, und da erwähnten Sie plötzlich die Sahara –

Eben, sagt die Frau.

Ich nehme am besten gleich auf? fragt der Redakteur. Die Frau nickt.

Es war so, daß ich meinem Enkelsohn Jahre später die Frage stellte, ob er nicht doch vielleicht einmal dorthin reisen wolle, woher er stamme? Zu der Zeit hatte er Gymnasium, Bundesheer und Schauspielschule bereits hinter sich. O ja, meinte er, wäre nicht schlecht, mit der Oma da mal hinzufahren!

Er nahm diesen Vorschlag erstaunlich locker und humorvoll entgegen – eben mit saharauischer Gelassenheit!

Ich jedoch sprach darüber mit den Koflers, und klarerweise entstand bei uns schnell die Idee, diese Reise eines jungen Afrikaners, der noch nie dort gewesen sei, wo seine Wurzeln lägen, filmisch zu dokumentieren. Unaufhaltsam wurde aus dieser Idee ein konkretes Vorhaben, das nur leider kein Gremium finanzieren wollte. Aber ich blieb unbeirrbar bei dem Entschluß, es trotzdem und gegen alle Widerstände in die Tat umzusetzen. Mir schien, dieser Film müsse jetzt, gerade jetzt, geschehen. Wir heuerten also ein kleines Team von Freunden an und bereiteten uns auf die Drehzeit im Mai dieses Jahres vor. Als jedoch alles – Anreise, Aufenthalt, Rückreise – gesichert schien, spukte uns eine Aschewolke über Island dazwischen, die europaweit den Flugverkehr lähmte. Jutta Kofler war mir mutig zur Seite, als wir uns entschlossen, trotzdem loszufahren. Wir machten uns abenteuerlich auf den Weg und erreichten letztendlich doch unser Ziel. Mit einem Bus fuhren wir nach Rom, dort nahm uns ein Flieger nach Algier auf, und irgendwie kamen wir alle, die ganze Crew, dann doch in die eigentlich ausgebuchte Maschine nach Tindouf. Die liebenswürdige Freundin Nadjat Hamdi, die während der Drehtage unser Guide sein würde, erwartete uns. Es war tiefe Nacht, als wir durch die Wüste zu den Camps gefahren wurden. In der Wilaya Smara stolperten wir in ein unbeleuchtetes Lehmgebäude, eine sogenannte »Reception«, wie die Polisarios ihre Unterkünfte für Besucherdelegationen nennen. Auf irgendwelchen Matratzen fielen wir alle todmüde in den Schlaf.

Und es folgten Tage, in denen zu beobachten war, wie mein Enkelsohn sich Schritt für Schritt Gegebenheiten näherte, die ihm vertraut zu sein schienen. Wie er sich in Zelten heimisch fühlte, als hätte er sein Leben als Nomade verbracht. Wie er ohne Sattel sofort ein Kamel zu reiten verstand. Wie er zu den Menschen Kontakt fand und von ihnen auch sofort als Ihresgleichen angenommen wurde. Wie gut ihm das traditionelle Gewand der Männer, die Darah, stand. Wie er am Steuer eines Jeeps über Unebenheiten dahinbrauste, mit dieser Fahrkunst, die man fern der Pisten in der Wüste benötigt. Ich denke, er erfuhr vieles in diesen Tagen. Vor allem aber eine ganz neue Kenntnis seiner Mutter, meiner Tochter, über die immer wieder mit größter Bewunderung und Hochachtung gesprochen wurde, deren Tod die saharauischen Freunde nach wie vor betrauerten.

Und da war Koflers Kamera, die uns begleitete. Die das persönliche Erleben wie unter einer Lupe vergrößerte und gleichzeitig in die Weite und

Schönheit der Wüste verwob. Es war eine der bewundernswertesten Arbeiten, die ich von Karl erfuhr. Denn nichts war vorbereitet, alles kam auf uns zu, und er fing es ein. Mit diesem Instinkt für die Forderung des Augenblicks. Immer in der Lage, das Gebotene zu nutzen und in ein Bildwerk zu verwandeln. Ich saß danach durch Wochen in meinem Schneideraum und sah diese Bilder. Sah wieder und wieder diese Bilder –

Die Frau lehnt sich schweigend in das Sofa zurück.
Und gibt es den Film? fragt der Redakteur.
Ja. Lief sogar ein wenig in den Kinos. Aber diese Zeit in der Wüste, um die geht es. Sie war belehrend und abschließend zugleich. Mein Enkelsohn erfuhr sich selbst eindringlicher, weil er das Volk kennenlernte, dem er entstammt. Und ich selbst –
Sie selbst?
Fraglich, ob ich je nochmals in die Sahara reisen werde.
Warum nicht?
Ich weiß nicht. Es ist so ein Gefühl. Alles wandelt sich. Unaufhaltsam. Fast alles, wovon ich Ihnen erzählt habe, existiert nur noch im Rückblick, hat sich im Vergangenen aufgelöst. Schon komisch, daß man trotzdem immer wieder der Gegenwart huldigen kann. Zum Beispiel diesem Frühlingstag heute. Der aber auch langsam und unaufhaltsam in den Abend sinkt.

Viel Gegenwart liegt noch vor Ihnen, sagt der Redakteur.
Die Frau schaut ihn an.
Trinken wir heute ein Glas Wein? fragt sie.
Wieso das denn?
Weil wir in der Gegenwart angekommen sind.
Sie meinen –
Ja, meine ich.
Muß es wirklich sein?
Ja. Unser Buch ist fertig, Herr Redakteur.

»Poetisch und witzig!« *Woman*

Paulina Neblo war gefeierte Tänzerin und erfolgreiche Choreographin, die Männer lagen ihr zu Füßen, sie hatte eine wundervolle Tochter und eine erfüllte Ehe. Als ihr Mann bei einem Autounfall ums Leben kommt und kurz darauf ihre Tochter stirbt, zieht sie sich aus dem Leben zurück – bis sie mit 70 Jahren beschließt, der scheinbaren Zukunftslosigkeit des Alters trotzig die Stirn zu bieten: Auf einem Laptop beginnt sie, Tagebuch zu schreiben und dabei über ihr Leben zu sinnieren …

Erika Pluhar hat ein berührendes Portrait einer kompromisslosen Frau geschrieben, die im Alter die Liebe und das Leben wiederfindet.

Erika Pluhar, Spätes Tagebuch. Roman. insel taschenbuch 4091. 219 Seiten

**Von der Bestsellerautorin
Erika Pluhar**

Wien zu Beginn des 20. Jahrhunderts. Anna studiert an der Kunstakademie und träumt von einem Leben als Malerin – bis sie sich Hals über Kopf in den attraktiven Studenten Seff verliebt. Vor seiner deutschnationalen Gesinnung verschließt sie die Augen, nicht ahnend, welche Konsequenzen diese auch für ihr Leben haben wird ...

Einfühlsam beschreibt Erika Pluhar die Hoffnungen und Sehnsüchte einer jungen Frau, deren Leben einen unerwarteten Lauf nimmt. Ein lebendiger, eindringlicher und bildreicher Roman.

Erika Pluhar, Im Schatten der Zeit. Roman. insel taschenbuch 4247. 254 Seiten

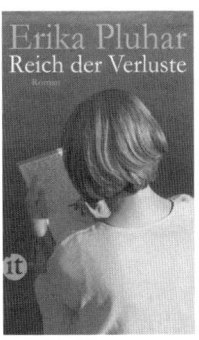

Die berührende Geschichte zweier eindrucksvoller Frauen

Es beginnt mit einer Postkarte: Sie habe in ihrer Wohnung versehentlich ein Fenster offen gelassen, schreibt Magda an ihre Hausmeistersfrau Maria in der Stadt. Magda schreibt es von einer Mittelmeerinsel, auf die sie sich nach diversen Schicksalsschlägen zurückgezogen hat. Das Fenster wird geschlossen – ein Briefwechsel beginnt, in dem sich die beiden so unterschiedlichen Frauen einander immer mehr annähern und schließlich Freundinnen werden. Sie erzählen ihre Lebensgeschichten. Kränkungen, Lebensleiden oder Liebesverluste werden noch einmal durchlebt, lang unterdrückte Tränen endlich geweint. Die schlichte, warmherzige Maria entdeckt die Macht der Wörter und das Vergnügen, sich schreibend mitzuteilen. Mit neuem Selbstbewusstsein nimmt sie ihr Schicksal in die Hand, während Magda neuen Mut schöpft und zurück ins Leben kehrt.

Ein gefühlvolles, lebendiges, mitreißendes Buch voller Hoffnung und Sehnsucht.

Erika Pluhar, Reich der Verluste. Roman. insel taschenbuch 4282. 282 Seiten